JN278424

秘史発掘

日中戦争はドイツが仕組んだ

上海戦とドイツ軍事顧問団のナゾ

近現代史研究家
阿羅健一
Ara Kenichi

小学館

日中戦争はドイツが仕組んだ

上海戦とドイツ軍事顧問団のナゾ

注　釈

・「支那駐屯軍」「支那課」等、当時の呼称はそのままとした。
・日本軍の一個師団は約二万五千名、一個旅団は約七千六百名、一個連隊は約四千五百名、一個大隊約千名、一個中隊約二百名、一個小隊約六十名、一個分隊約十名である。
・中国軍の一個師は約一万名。その上に「軍」がある。

カバー写真
中之院「軍人群像」　撮影　歸山則之
ファルケンハウゼンと蔣介石　LIFE1938/8/1
文中写真提供
毎日新聞社（P113、P163、P167）
Photos12／APL（P17）

装丁・本文デザイン　Creative Sano Japan
校正　秦玄一
販売　奥村浩一
宣伝　後藤昌弘
制作　河合隆史
資材　高橋浩子
編集　佐藤幸一／真田晴美

① 上海～南京略図

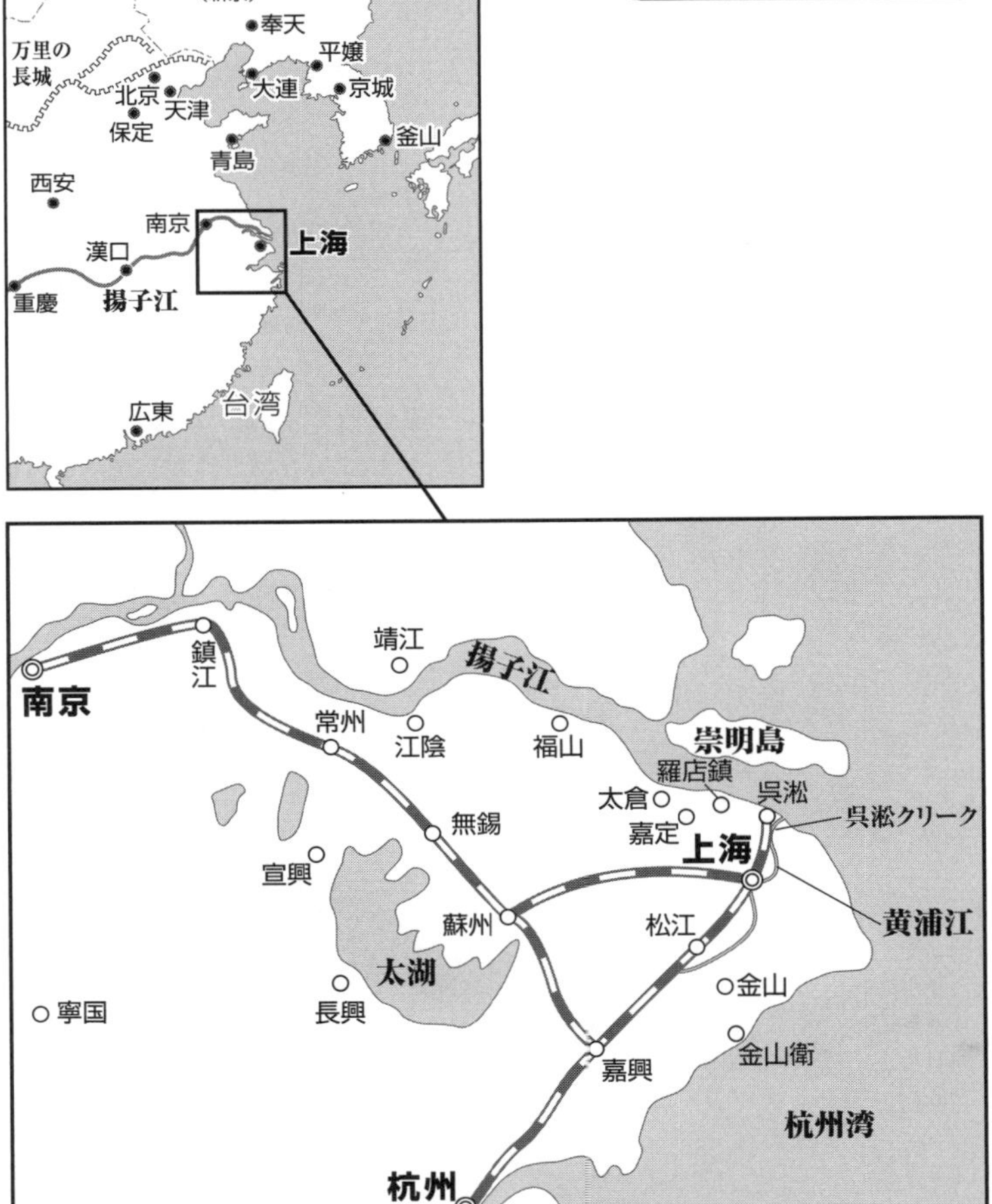

中国全体図
長春
（新京）
ウラジヴォストーク
奉天
万里の
長城
平壌
大連
京城
北京
天津
保定
釜山
青島
西安
南京
上海
漢口
重慶
揚子江
広東
台湾
南京
鎮
江
靖江
揚子江
常州
江陰
福山
崇明島
羅店鎮
太倉
呉淞
無錫
嘉定
呉淞クリーク
上海
宣興
蘇州
黄浦江
松江
太湖
金山
長興
寧国
金山衛
嘉興
杭州湾
杭州
紹興
寧波
銭塘江

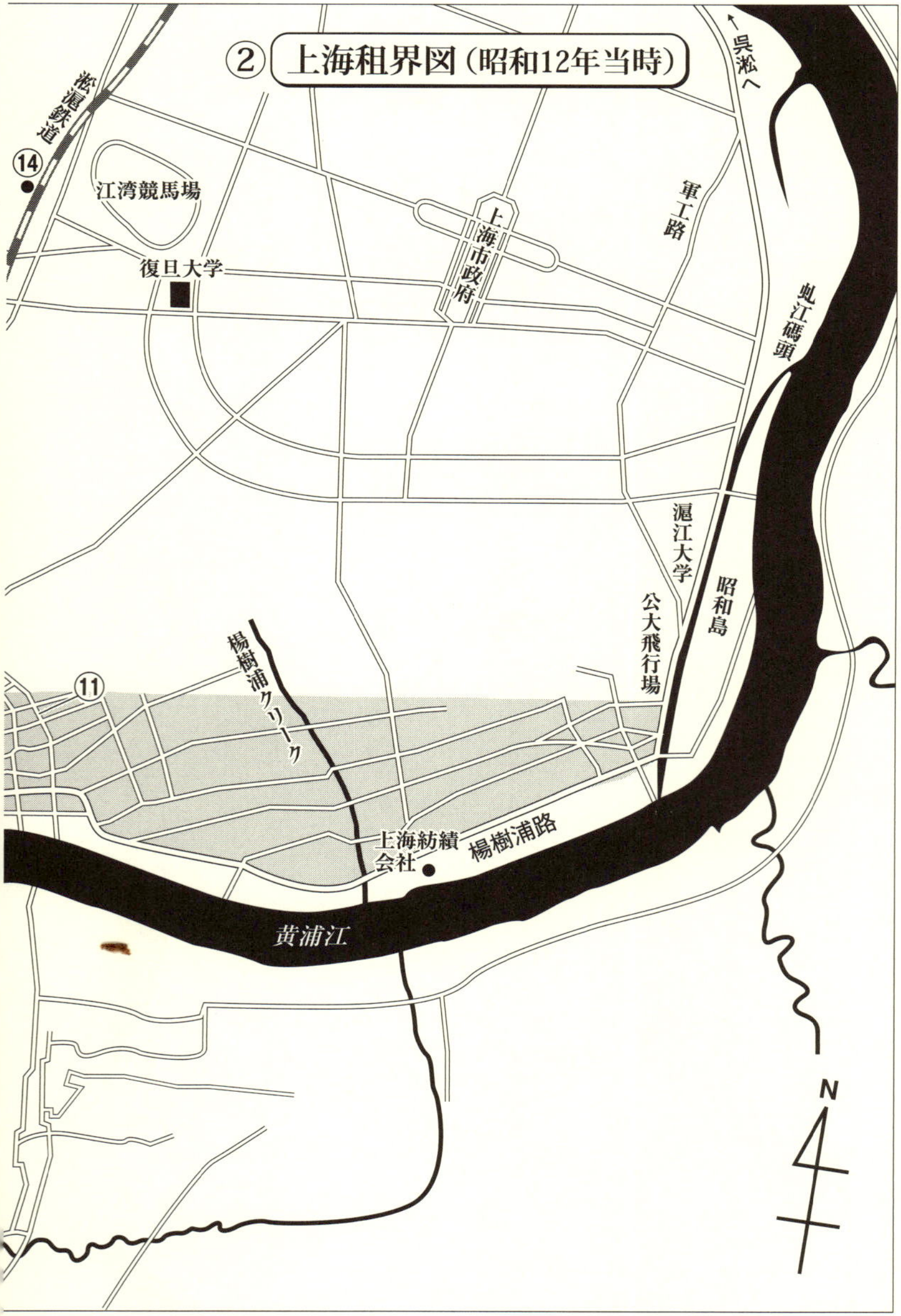
② 上海租界図（昭和12年当時）
淞滬鉄道
⑭
江湾競馬場
復旦大学
上海市政府
軍工路
←呉淞へ
虬江碼頭
滬江大学
昭和島
公大飛行場
楊樹浦クリーク
⑪
上海紡績会社
楊樹浦路
黄浦江
N

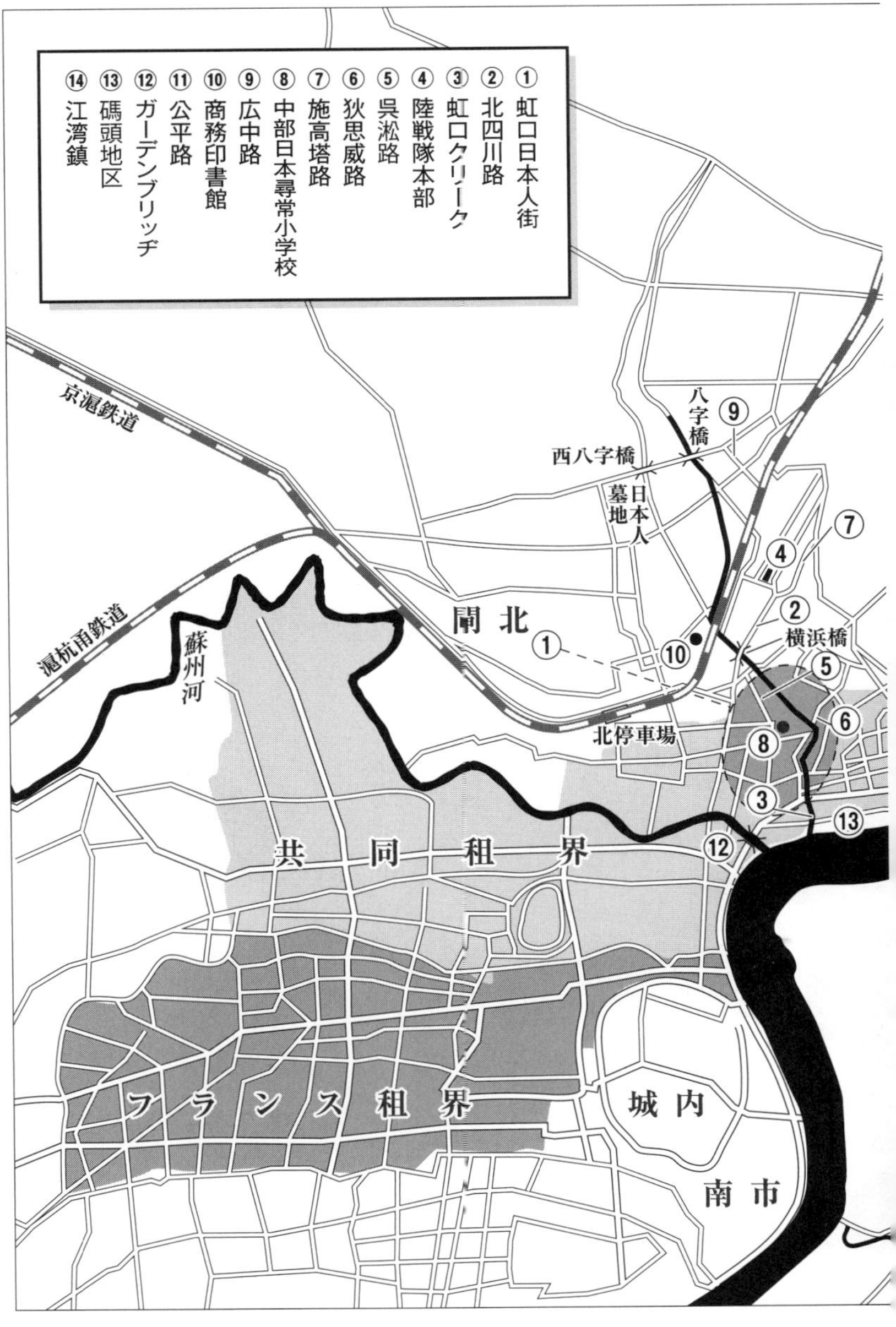

①虹口日本人街
②北四川路
③虹口クリーク
④陸戦隊本部
⑤呉淞路
⑥狄思威路
⑦施高塔路
⑧中部日本尋常小学校
⑨広中路
⑩商務印書館
⑪公平路
⑫ガーデンブリッヂ
⑬碼頭地区
⑭江湾鎮
京滬鉄道
滬杭甬鉄道
蘇州河
閘北
八字橋
西八字橋
日本人墓地
横浜橋
北停車場
共同租界
フランス租界
城内
南市

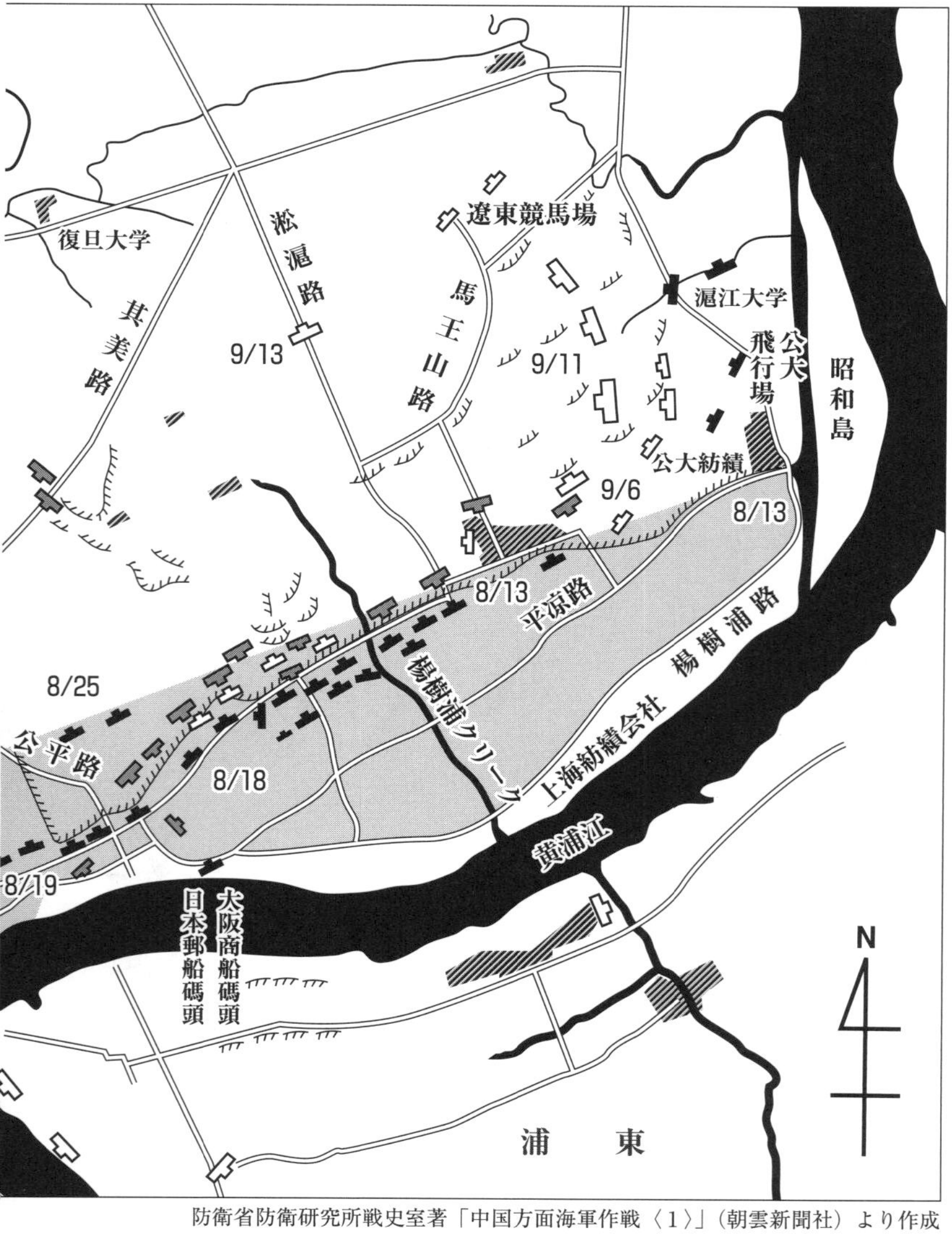

防衛省防衛研究所戦史室著「中国方面海軍作戦〈1〉」（朝雲新聞社）より作成

③ 第二次上海事変経過図
陸戦隊の配備
陸戦隊の進撃
中国軍
中国軍陣地
江湾鎮
江湾競馬場
水電路
9/12
西体育館路
東体育館路
広中路
八字橋 8/13
西八字橋
日本人墓地
新公園
沙涇滬クリーク
施高塔路
狄思威路
8/25
虹口クリーク
10/27
中山交通路
閘北
8/14
呉淞路
北停車場
鉄道管理局
北四川路
10/27
内外綿三四工場
日華紡
光復路
蘇州河
10/31
四行倉庫
ガーデンブリッジ
共同租界

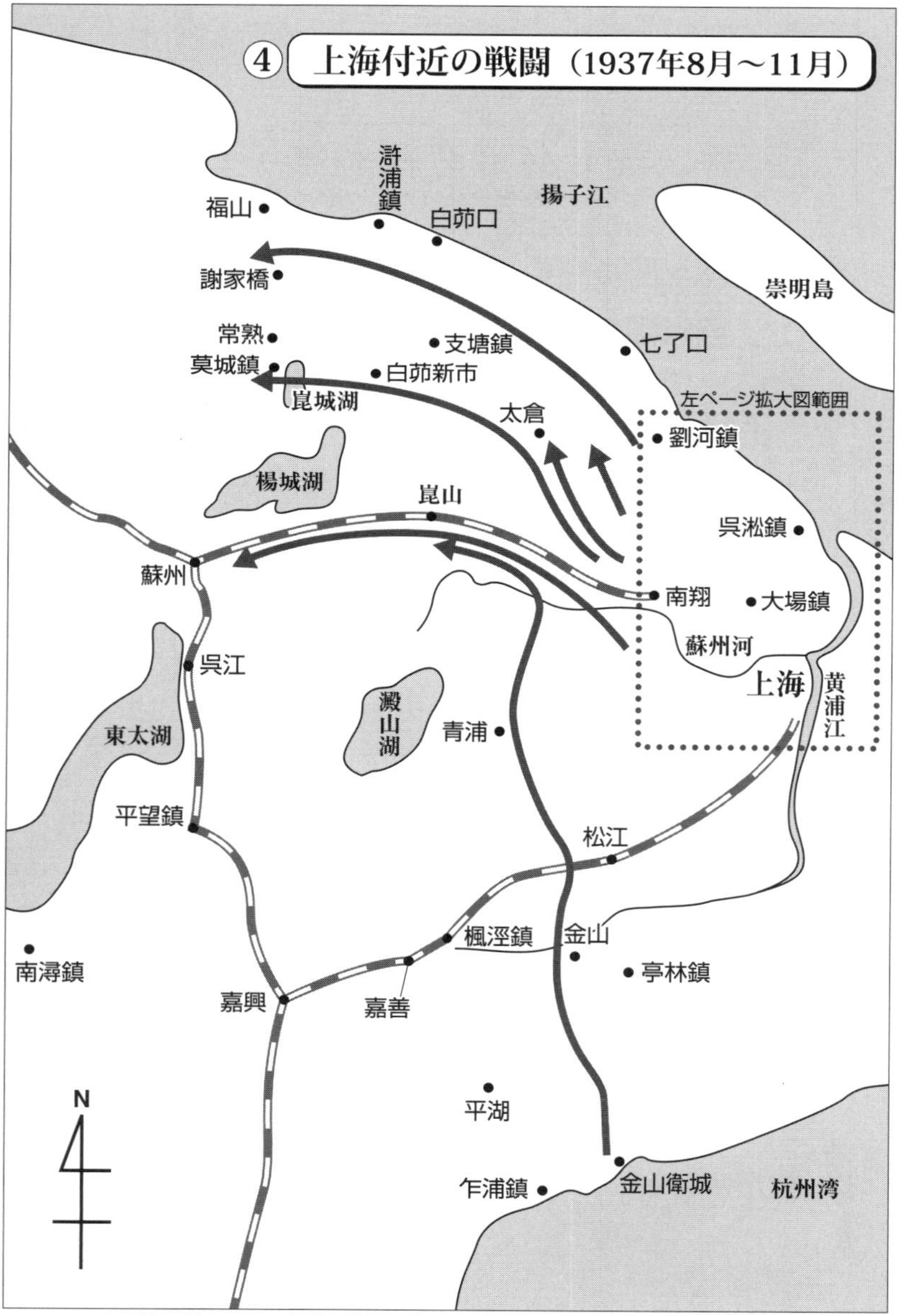
④ 上海付近の戦闘（1937年8月～11月）
揚子江
崇明島
滸浦鎮
福山
白茆口
謝家橋
常熟
支塘鎮
七了口
莫城鎮
白茆新市
昆城湖
左ページ拡大図範囲
太倉
劉河鎮
楊城湖
崑山
呉淞鎮
蘇州
南翔
大場鎮
蘇州河
呉江
上海
黄浦江
澱山湖
東太湖
青浦
平望鎮
松江
楓涇鎮
金山
南潯鎮
亭林鎮
嘉興
嘉善
N
平湖
乍浦鎮
金山衛城
杭州湾

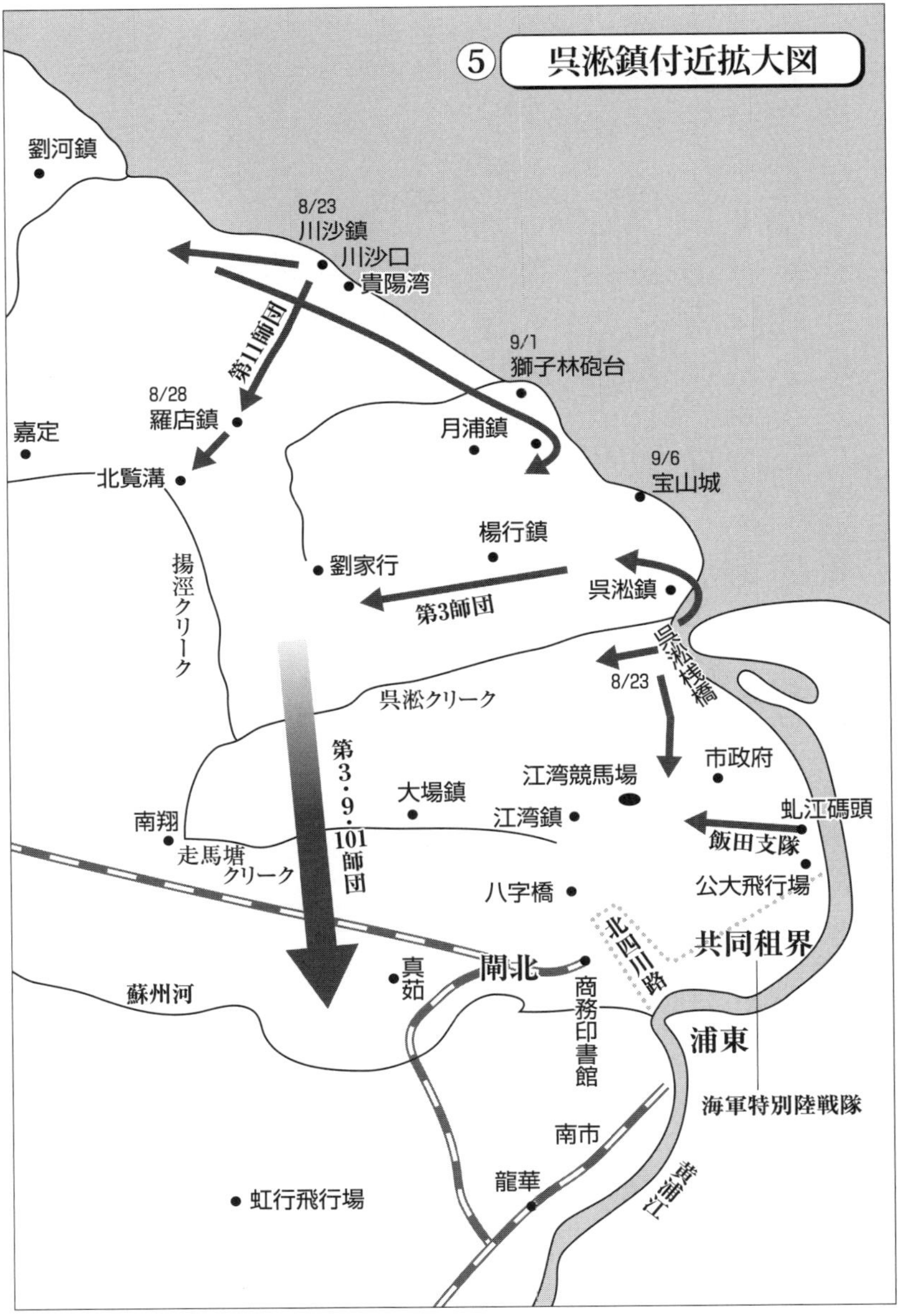
⑤ 呉淞鎮付近拡大図
劉河鎮
8/23
川沙鎮
川沙口
貴陽湾
第11師団
9/1
獅子林砲台
8/28
羅店鎮
嘉定
月浦鎮
北覧溝
9/6
宝山城
楊行鎮
劉家行
呉淞鎮
第3師団
揚涇クリーク
呉淞桟橋
8/23
呉淞クリーク
第3・9・101師団
市政府
江湾競馬場
大場鎮
虬江碼頭
南翔
江湾鎮
飯田支隊
走馬塘クリーク
公大飛行場
八字橋
北四川路
共同租界
閘北
真茹
蘇州河
商務印書館
浦東
海軍特別陸戦隊
南市
龍華
黄浦江
虹行飛行場

まえがき——日本兵士の石像群

見慣れない石像群が愛知県知多半島の中之院にある。

軍帽をきちんとかぶった、数十体の兵士の石像だ。その表情はおだやかで、兵士というより、今も私たちの周りにいる日本の若者の顔である。

表情は一つ一つ違う。それは、写真を基に作られたからで、石像はすべて実在の兵士である。大きさも実物に近く、秦の兵馬俑《へいばよう》のようなものといってよいだろう。

石像には位と名前と没年が刻印され、よく見ると、支那事変早々の第二次上海事変で戦死した兵士であることがわかる。

第二次上海事変は、今では忘れられてしまったが、史上まれに見る大激戦だったのだ。

七十一年前の昭和十二年七月七日夜、北京郊外にある盧溝橋《ろこうきょう》で日本軍と中国軍に小競り合いが起こり、しばらくの間、拡大するでも終息するでもない動きが続いた。二十八日になると、日本軍は北京から天津にかけ攻勢に出て、三十一日までにはあっという間に一帯を制圧した。

八月十三日夕方、圧倒的多数の中国軍が約四千人の日本の上海特別陸戦隊を攻撃してきた。特別陸戦隊の任務は数万の在留邦人を保護することで、防衛線が破綻《はたん》したなら、その半月前に通州で起こったような日本人大虐殺がもっと大規模に再現されかねない。翌日、日本は名古屋第三師団と四国善通寺第十一師団を送ることにした。

動員命令が下り、弾薬や馬が手当され、軍装検査が行われ、二つの師団はあわただしく兵舎を発った。

名古屋第三師団は熱田から上海に向かった。善通寺第十一師団も多度津港から巡洋艦に乗り、二十三日未明、二つの師団は上海郊外へ上陸した。

第三師団が上陸したのは揚子江河口の呉淞《ウースン》である。

ここは五年前の第一次上海事変のときにも日本軍が上陸したところで、そのときは総攻撃から三日間で決着がついた。ついひと月前の北京や天津でも、数日で勝負がついている。名古屋から向かった将兵は、それほどしないうち凱旋《がいせん》帰国できると思っていたであろう。

しかし、上陸しようとする端から犠牲者が続出した。一日がかりでようやく上陸するけれど、橋頭堡《きょうとうほ》を築くのが精一杯である。橋頭堡を築いても、なかなか前に進めない。それほど上海の中国軍の陣地は堅固で、中国軍は頑強だった。死傷者は時間と共にどんどん増えていく。その数は半端なものでなかった。

戦いはそれから三か月続き、第三師団では半数ほどが死傷し、第三師団を含む日本軍全体でなんと四万一千余人という死傷者を出した。日露戦争の旅順要塞《ようさい》戦でさえ、四か月半で六万の死傷者だったから、上海での三か月で四万一千余人という数は想像を絶したはずである。

第三師団が上陸してから三か月ほどすると、戦死体は白木の箱に入って帰ってきた。そして白木の箱が途絶えることはなかった。

中之院にある石像群はそのときの戦死者たちなのである。

上海の激しい戦いから一年、昭和十三年八月一日、アメリカの雑誌『ライフ』に、支那事変について見開きの記事が掲載された。

『ライフ』は、その二年前、アメリカのタイム社から大型のグラフ週刊誌として創刊され、世界中の事件や、有名人の生活、政治上の話題を取りあげていた。その際、世界的に有名なカメラマンが撮った写真を用い、テレビが普及する前の、視覚に訴えるというこれまでにない企画だったから話題となった。発行部数は瞬く間に百万を数え、『ライフ』が店頭に並ぶ時間になるとアメリカのいたるところで行列ができた。創刊から二年経っても、発売するたびに部数は伸びていた。

ほとんどがアメリカで読まれていたけれど、海外にも送られ、日本でもわずかながら購読されていた。いわば世界中で読まれていた雑誌といえるから、そこに記述されている内容は世界中で知られていたことになる。その二頁の見出しは、

「ドイツ軍事顧問団が中国を去る　これから蔣介石は一人で戦うことになるだろう」

とある。

内容はこうだ。

「中国軍を訓練してきたファルケンハウゼン将軍以下二十九人のドイツ軍事顧問団が引き揚げることになった。一年間にわたる日本の引き揚げ要求にドイツは同意し、それが決まってから

CHINA'S GERMAN MILITARY ADVISERS GO HOME

AND GENERALISSIMO CHIANG FIGHTS ON ALONE

ドイツ軍事顧問団の中国引き揚げを報じるライフの記事（「LIFE」1938.8.1号 p.18-19）

蒋介石は二か月も実行を引き延ばした。七月四日に開かれた最高作戦会議にファルケンハウゼン将軍は見えなかったが、このようなことは初めてである。ドイツ軍事顧問団に代わってこれからは蒋介石が中国軍を指導することになるだろう」

『ライフ』によれば、ドイツ軍事顧問団は支那事変から一年にもわたり中国軍を指導し、去った後は蒋介石が一人で戦うと表現されるほど中国軍と深くかかわっていた、という。

実際、上海には、ドイツ軍事顧問団の指導で堅固なトーチカが作られていた。北京や天津の中国兵と違って、ドイツ軍事顧問団の訓練を受けた精強な中国軍が日本軍を待ち受けていた。

つまり、四万一千余人という犠牲者には、ドイツが深くかかわっていたのだ。石像は、いわばドイツ軍の力が与《あず》かって生まれたものなのである。

昭和十三年八月といえば、日本とドイツが防共協定を結んで二年近くも経っている。昭和十五年に日本はドイツ、イタリアと三国軍事同盟を結ぶ。この間、日本にとってドイツは友邦であり、敵対する立場にはなかったはずだ。たとえば第二次世界大戦は次のように言われる。

「持たざる国日本、ドイツ、イタリアの枢軸国と、持てる国アメリカ、イギリス、ソ連の連合国が戦った戦争」

こうしたことからも、『ライフ』の伝えることは、当時の日本人が思ってもみなかったことであろう。

さらに『ライフ』は、ファルケンハウゼンが去るにあたり、

「最後に中国が勝つと確信している。中国はどこまでも戦い続けられる。中国軍は素晴らしい」

と語ったとも伝えている。

そのとき日本軍は、北京、天津、上海、南京、徐州を手中にしていた。まさに破竹の勢いにあったのだが、ファルケンハウゼンは、日本が負けると予告している。彼が『ライフ』にそう語るほど、ドイツは日本の命運を読んでいたのだろうか。

国際政治は単純でなく、一筋縄でいかないことはよく知られている。しかし、友邦のはずのドイツが中国側に立って日本に多大な犠牲者を強いたり、ドイツの将軍が日本の敗北を『ライフ』に予言するなど、どうしてそのようなことが起こったのか。

こうした謎と、多大な犠牲を出したにもかかわらず、日本人が忘れ去ってしまった上海戦の激烈な実相を本書で明らかにしていきたいと思う。

◉第一章◉

中国に軍事顧問団を派遣したドイツ

1934年、国家社会主義労働者党の党大会にてヒトラーユーゲントを視察するヒトラー（Photos12／APL）

第一次大戦後のドイツ軍の事情

第一次世界大戦が五年目に入った大正七（一九一八）年秋、同盟国からブルガリア、トルコ、オーストリアが次々と離脱していった。十一月十日、ドイツ皇帝ヴィルヘルム二世がオランダに亡命し、ドイツは十一日に休戦協定を申し入れた。西部戦線と東部戦線で五年間も戦ったドイツはとうとう敗北した。

「背後から刺された」

彼らはこう感じた。ロシア革命の余波はドイツにも押し寄せた。翌一九一九年一月、ドイツ共産党スパルタクス団が暴動を起こし、復員してきたばかりの将兵と対立し、国内は革命前夜のようになった。

同年六月二十八日、連合国との間でヴェルサイユ講和条約が締結される。締結といっても連合国側から一方的に押しつけられ、ドイツは領土の一三パーセントを失った。東プロイセンは分離され、すべての植民地が奪われ、天文学的な賠償金を課せられた。ドイツ軍も骨抜きにされた。徴兵制は禁止、参謀本部と陸軍大学も廃止、陸軍は十万人、海軍は一万五千人に制限された。飛行機、戦車、重砲といった最新兵器も認められず、シャルンホルスト、グナイゼナウ、モルトケ、シュリーフェンと有名な軍人を輩出したドイツ参謀本部は崩壊の危機に見舞われた。

このとき危機への対処を任せられたのがハンス・フォン・ゼークトである。ゼークトは、軍人としての道を歩むと、中尉で参謀本部開進課に勤務、軍団参謀長などを経て、第一次世界大

ハンス・フォン・ゼークト将軍

戦が始まったときは中佐。一九一五年、同盟国トルコへの連絡路を作るためセルビア攻略が立案され、このときゼークト大佐はマッケンゼン将軍の参謀長として作戦を指導した。この成功はゼークトの名を高め、その後、同盟国オーストリアの参謀本部に勤務し、大戦末期にはトルコ軍の参謀長として働いた。軍事的才能に溢《あふ》れているだけでなく、明晰《めいせき》な頭脳は周りの等しく認めるところで、ヴェルサイユ講和会議が開かれると、軍事委員として出席した。

ドイツ軍の後始末を命ぜられたときゼークトは五十四歳、能力と序列からいって順当であり、陸軍省と参謀本部が廃止された今、ドイツ参謀本部の精神と機能を持った国軍をいかにして次の世代に引き継ぐか、それがゼークトの使命となった。モノクル（単眼鏡）を掛け、めったに表情を変えず、何を考えているかわからないことから、スフィンクスとあだなされていたゼークトであるけれど、深謀遠慮とともに、果敢に物事を進めていった。

一九一九年十月一日、ワイマール共和国が誕生し、文民の務める国防大臣が新設されると、ゼークトは国防大臣のもとに陸軍統帥部長官を設け、その下に四つの局を作った。陸軍統帥部長官には最高司令官の役目を持たせ、陰のドイツ軍総司令官とした。四つの局の一つ隊務局には参謀本部の機能を与え、禁止されていた参謀本部の機能を潜りこませた。ゼークト自身は隊務局長に就任し、いわばワイマール共和国の初代参謀総長となった。四つの局のもう一つの軍務局には、やはり廃止された陸軍省の機能を持たせた。

このほか、さまざまな工夫をした。

敗戦した国にとって最も重要なことは軍事資料の収集と戦史研究である。そのため、国立公文書館を新たに設け、最高ポストに参謀本部戦史課長を当てた。国土測量局長には参謀本部の地図課長を就任させ、それまでの任務を続けさせた。運輸省には鉄道課を移らせた。内務省には地図・測量課を移した。

新しいドイツ軍に二つの集団司令部と十個の師団が作られ、七つの軍管区が置かれたが、廃止された陸軍大学の代わりに、これらの中で参謀教育を行った。

空軍については、運輸省民間航空局に陸軍飛行将校を押しこみ、航空会社ルフトハンザを設立してパイロット育成を続けた。このように、連合国の軍事監視団をあざむいて、ドイツ参謀本部の精神が途絶えるのを防いだ。

将来の軍備拡大にも備えた。徴兵された多くの兵士より訓練を受けた少数の志願兵を重視し、その訓練に力を注いだ。師団長のもとに歩兵団長と砲兵団長が設けられると、参謀を置いて、将校の中の参謀比率を高め、制限が撤廃されたなら、ただちに数倍ものドイツ軍にできる仕組みを作ったのだ。

こうしてドイツ参謀本部の機能と精神は持続されたけれど、戦車、飛行機、重砲、化学兵器の禁止、という問題が残されていた。どの国の軍隊も、新しい武器を開発し、技術を習得し、それに応じた戦術を練ることが不可欠である。

ゼークトはこの問題を海外に移転することによって解決しようとした。

革命が起こって連合国から離脱したロシアは、第一次世界大戦末期の一九一八年三月三日、ブレスト・リトフスク条約を結んでドイツと講和した。このためソ連は戦後のヴェルサイユ体制で中途半端な立場に置かれたが、重工業の建設が急がれるようになると、ドイツの機械工業に目をつけ、ドイツに協力を求めた。対してドイツは、ソ連を支援する代わり、禁止されている砲弾や化学兵器の製造をソ連国内で行い、ドイツ将校が飛行機や戦車の訓練をソ連国内で受けられるよう求めた。

お互い、拒む理由はなかった。秘密裡に交渉が進められ、一九二二年、ドイツとソ連の間でラパロ条約が結ばれた。翌年には秘密軍事協定が結ばれ、ドイツはソ連の重工業を支援し、将校もソ連の将校を教育する代わり、ソ連がドイツの砲弾を製造し、飛行機と戦車の訓練場を提供することに決まった。

こうして、ゼークトはヴェルサイユ講和条約によって課せられた様々な足かせを克服するのだが、ソ連とのこのやり取りはほかの国へと広がっていった。歩兵監リッター・フォン・ミッテルベルガー中将はトルコに渡ってトルコ軍の訓練をした。ボリビアに渡ったハンス・フォン・クントは、ボリビア軍を訓練して、パラグアイとのチャコ戦争を指揮するようになった。

ゼークトがこういった使命に邁進《まいしん》している最中の一九二〇年三月、カップ一揆《いっき》が起こり、ベルリンが占領された。ドイツ軍が十万に縮小されたことに将校を中心に復員した義勇兵や海兵旅団の憤懣《ふんまん》が爆発したのである。このときゼークトは一揆に敵対はせず、といってカップ新首相を受け入れるわけでもなく、隊務局長を辞任した。カップ一揆は失敗し、そのとき座視するしか方法のなかった政府首脳は辞任を余儀なくされたのだが、隊務局長を辞任していたゼークトは、陸軍統帥部長官に就任することとなった。

一九二三年一月になると、ルール地方がフランスに占領され、ドイツ経済の混乱は拍車をかけた。九月、エーベルト大統領が非常事態を宣言したため、ドイツの行政権は陸軍統帥部長官に就任していたゼークトに移った。すると復員軍人たちの反逆やヒトラーのミュンヘン一揆が起こった。カップ一揆に中立の立場を取ったゼークトであったが、今度は鎮圧に動き、その対処によってワイマール共和国は崩壊をまぬがれる。非常事態が宣言されてからの半年間、ゼークトがドイツの舵取《かじとり》をしたのだが、それによりドイツ軍の中でゼークトの名声は揺るぎないものになった。それと共に新しいドイツ軍も確固としたものになっていった。

やがてゼークトは、名実兼ねそなえて大統領の座を狙うようになるが、エーベルト大統領が急死したため、思いもかけず大統領選挙が早まり、一九二五年四月の選挙ではパウル・フォン・ヒンデンブルクが大統領に当選する。ヒンデンブルクは第一次大戦中に参謀総長を務め、ゼークト以上の経歴と国民的人気を持っていた。ヒンデンブルクが大統領になるのは自然の流れで、ゼークトは立ちはだかることができなかった。

同じ軍人であるヒンデンブルクが大統領に就任したことから、ゼークトの力は弱くなっていく。二六年、ドイツの元皇太子の長男が軍の演習に参加するのを許したという理由からゼークトは辞任を迫られる。

こうしてゼークトは権力の中枢から去ることになるけれど、敗戦からの八年間、ドイツ参謀本部の精神と機能を持続させ、新しいドイツ軍を作りあげたのはゼークトだった。

それとともにゼークトは、ドイツ軍の退役将校が海外へ出ていき、その国で軍事指導をする、という道筋もつけた。

外国顧問団を受け入れてきた中国

順治帝が万里の長城を越えて北京に入った一七世紀半ば以来、康煕《こうき》、雍正《ようせい》と続く大清帝国はそれまでの王朝に見られない隆盛を謳歌《おうか》するが、その清朝も永続に続くこと叶《かな》わず、崩壊するときがやってくる。明治四十四（一九一一）年十月十日、武昌《ぶしょう》で革命の火の手があがり、翌年二月十二日、宣統帝は退位する。二百九十六年続いた清王朝は終わり、宣統帝はラスト・エンペラーとなった。

取ってかわった中華民国で権力を握ったのは、度重なる弾圧をかいくぐって革命を指導してきた孫文ではなく、逆に清朝に高官として仕え、革命勢力を弾圧してきた袁世凱《えんせいがい》だった。辛亥《しんがい》革命が成功したのは、革命勢力が強かったからでなく、清朝に采配を振るう人物がいなかったからである。孫文はいったん臨時大総統に就いたものの、二か月後にその職を袁世凱に譲った。首都も南京から北京に移された。

孫文は第二次、第三次と革命を起こすが失敗して次第に疎外されていく。大正五（一九一六）年六月、袁世凱は亡くなるが、袁世凱の持っていた権力を手にしたのは段祺瑞《だんきずい》、馮国璋《ひょうこくしょう》、曹錕《そうこん》、呉佩孚《ごはいふ》といった軍閥だった。孫文は南の広州で北京の様子を窺《うかが》うしかなす術《すべ》はなかった。

大正八（一九一九）年七月、ソ連の外務人民委員（外務大臣）代理のカラハンがやってきて孫文と会った。ソ連と中華民国がまだロシアと清であった時代、中国に不利な条約が取り交わされていたのだが、革命直後のソ連はこれら条約の破棄を声明した。大正十年に世界の革命を指導したマーリンがコミンテルンを代表して、また大正十一年には駐独大使を務めてドイツ革命を指導したヨッフェが中国にやってくる。そのころの孫文は、広州に国民政府を建てて大総統を名乗ったものの内部から反乱が起こり、大正十二年二月、再び広州に軍政府を作っていた。北京を目指す孫文にとってソ連はこの上ない味方となった。

さらなる支援をソ連から得るには共産主義者と手を組まなければならず、大正十三年一月、孫文は中国共産党員が国民党に入るのを認める。国民党と共産党の第一次合作がなると、世界で革命を指導してきたボロディンが孫文の政治顧問となり、中華民国の憲法や国民党綱領の草案作成にまでかかわりだす。六月、赤軍にならって黄埔《こうほ》軍官学校が広州に設立された。校長には蔣介石が就いたが、軍事教練はソ連の教官団が行い、顧問団長にはブリッヘル将軍が就任した。ソ連は国民党の中に入り、強い影響力を持つようになった。

もともと孫文の革命勢力を支援してきたのは日本である。孫文が中国革命同盟会の結盟式を行ったのは東京であり、それ以来、宮崎滔天《とうてん》や頭山満ら多くの民間人が支援の手を差しのべてきた。ところが日本が袁世凱政権に二十一か条の要求をすると、ソ連が援助の手を差しのべ、革命をなしとげたソ連に対する畏敬《いけい》もあって、孫文は日本よりソ連に頼るようになっていった。

　中国では、清の時代から、省ごとに民政と軍政を扱う責任者が任命され、やがて軍政を握る者が民政も支配し、地方の独自性が高まっていった。袁世凱が亡くなると、各地で様々な軍閥が跋扈《ばっこ》しはじめる。軍閥は税金を徴収し、税金で兵隊を養い、それが軍閥の地位を高めていった。袁世凱亡き後の北京政府は軍閥の合従連衡で、大正十年代は五十余りの軍閥が中国で跋扈していた。

　軍閥には様々な外国人が顧問としてかかわっていた。袁世凱を支援したのはイギリスであり、呉佩孚を支援したのはイギリスとアメリカで、アメリカは孫伝芳も応援した。ソ連は馮玉祥《ひょうぎょくしょう》を応援し、日本は張作霖《ちょうさくりん》を支援した。

　大正十四（一九二五）年三月十二日、孫文が死ぬ。

　孫文が悲願としていた北伐のため、翌年二月、蒋介石が国民革命軍の総司令に就いた。軍閥同様、軍政を握っている者こそ指導権を握る。

　それまで蒋介石は、孫文の方針に従って、国共合作が進められていた最中にソ連を訪れた。しかし、合作がなると中国共産党は国民党を切りくずし、ボロディンの後の顧問団長キサンガは北伐に反対し、蒋介石は共産党のやり方に納得いかないものを感じだしていた。大正十五年三月、蒋介石は広東で反共クーデタを起こし共産党と対決する姿勢を明らかにした。北伐を進めて南京を首都とした後、昭和二年四月には上海のゼネストを弾圧し、共産党を排除した。七月、国共合作は終わりとなり、六十名に及ぶソ連の顧問団は国民党から去っていった。共産党を国民党から一掃したものの、北京を支配していた軍閥の巨頭張作霖は蒋介石に攻勢をかけ、国民党の中の領袖からは反蒋の動きが起こる。昭和二（一九二七）年八月、蒋介石は国民革命軍総司令を辞任せざるをえなかった。

批判の矛先を辞任によっていったんかわした蒋介石は、一九二八年一月、改めて総司令に就任した。国民党の実権を握るため蒋介石がなすべきことは、北伐を成功させることである。南京から攻めのぼった蒋介石は、六月北京に入城して北伐を完成させ、八月、南京で開かれた会議で国民政府主席に選ばれた。

蒋介石は国民党による中華民国の統一を一応は成し遂げたけれど、国民党の中には李宗仁《りそうじん》、馮玉祥、閻錫山《えんしゃくざん》など蒋介石と対立する領袖がいる。李宗仁は広西省、馮玉祥は陝西《せんせい》省、閻錫山は山西省という地盤を持ち、税金を徴収し、軍隊を養っていた。

国民党と分かれた共産党も、一九二七年八月に南昌で暴動を起こし、同年十二月には広州でも反乱して、二八年に入ると湖南省、広西省、福建省の一部にソヴィエトを作り、一定の支配地域を持つようになった。

国民党から去ったソ連の軍事顧問団は、中国共産党の軍隊を訓練しはじめていた。国民党内の軍閥と中国共産党に勝利するため、蒋介石はソ連に代わる軍事顧問団を必要としていた。

中国にやってきたドイツ顧問団

清朝末期、ドイツの軍人が招かれ、ドイツ式の訓練を行ったことがある。日清戦争で日本と戦った北洋艦隊の旗艦定遠や鎮遠はドイツ製で、旅順の要塞建設もドイツがかかわっていた。こうしたことから孫文は、第一次大戦後、軍の近代化のため、ドイツの軍人を招こうとした。

蔣介石は大正二（一九一三）年六月にドイツに留学しようとして孫文に止められたことがある。昭和二年八月、国民革命軍総司令を辞任した蔣介石は、九月末になって日本へ向かい、しばらく日本に止まって上海に戻ったが、日本に行った後はドイツで軍事学を学ぼうとした。ドイツから軍事顧問を受け入れることは蔣介石にとって自然な選択肢である。

そんなとき、ぴったりの人間と蔣介石は会った。国民党の招きで広州にやってきたマックス・バウアー大佐である。

マックス・バウアー大佐は、中国の産業界を視察するよう朱家驊《しゅかか》から要請されて広州に来たところで、招いた朱家驊はドイツ留学の経験を持ち、帰国すると北京大学教授となり、五・四運動を指導していた。そのころは広東の中山大学の教授を務め、後に交通部長（部長は日本の大臣にあたる）や組織部長を務める。蔣介石に近く、国民政府内の代表的なドイツ派というべき人物である。

マックス・バウアーは、ドイツ参謀本部のエリート・コースを歩んだ軍人で、参謀本部作戦課を皮切りに、第一次世界大戦が始まると西部戦線の参謀として働き、参謀本部に戻って作戦課兵器班長についた。新しい発想を持ち、科学技術を身につけ、たとえば420ミリ自走式臼砲の採用などを考えている。多くの著書を持ち、自信に溢れ、政治に野心を持った軍人でもあった。参謀本部に戻ったバウアーは、部内で強い力を持つようになり、ハルケンファイン参謀総長の交代劇にかかわり、ベートマン＝ホルヴェーク宰相更迭の脚本を書いた。第一次世界大戦で敗北を喫すると、ドイツはヴェルサイユ条約による様々な制約が加えられる一方、内からは共産主義革命の危機にさらされる。前述のように一九二〇年、危機感を抱いた軍の一部は東プロイセンの郡総監ヴォルフガング・カップを首相にいだいてクーデターを起こす。このクーデターの中心人物の一人がマックス・バウアー大佐であった。ベルリンを占領して成功したかに見えたクーデターは、軍の全面的な支援を得ることができず失敗し、バウアー大佐は退役する。退役したバウアーはソ連、スペイン、アルゼンチンで軍事顧問として働き、国民党の招きで中国にやってきたところであった。

マックス・バウアーに会った蒋介石は顧問就任を要請し、バウアーはこれを引き受けた。こうして、ドイツが軍事顧問として中国とかかわることになるのである。

一九二八年秋、いったんドイツに戻ったマックス・バウアーは、改めて三十人弱の将校とともに中華民国を訪れ、軍事顧問団を形成する。このとき、早速ドイツの新しい兵器が中国にもたらされた。

バウアーを団長とする軍事顧問団は直ちに黄埔軍官学校の軍事教練に着手した。翌二九年春になると李済深《りさいしん》や李宗仁らが蒋介石と対立し、顧問団はこれら対立勢力に対する戦いの指導に当たった。早速顧問団の活躍する場面が現れたのである。

この作戦指導中、マックス・バウアーは漢口で急死、ヘルマン・クリーベル中佐が後を継ぐことになった。

クリーベル中佐も優秀なドイツ将校で、第一次大戦中はルーデンドルフの幕僚として働き、ヴェルサイユ講和会議にドイツ代表団の一員として出席している。戦後、民間軍事組織である郷土防衛志願兵部隊が作られ、三十万人まで増えたとき、指揮を執ったのがクリーベルである。郷土防衛志願兵部隊は一九二一年六月に戦勝国から解散させられたが、一九二三年になると、国防軍と民間国防団体を統一するため、祖国的闘争同盟共働団が組織された。ナチスも参加するのだが、この共働団の軍事指導をしたのもクリーベルである。そのころからクリーベルはナチスの主要幹部の一人で、軍事面においてはヒトラー以上に権力を持っていた。ミュンヘン一揆でも重要な働きをし、一揆が失敗すると、ヒトラー同様五年の禁固刑に処せられている。

このような経歴から、クリーベル中佐も中国軍の軍事指導にはうってつけで、顧問団長を一年五か月間務めた。

辞任したクリーベルから顧問団長を引き継いだのはゲオルク・ヴェッツェル中将である。

ゲオルク・ヴェッツェル中将もドイツ参謀本部のエリート・コースを歩んだ軍人である。第一次世界大戦の最中、参謀総長がファルケンハインからヒンデンブルクに交代したとき、作戦課長に就いたのがヴェッツェルである。第一次大戦後は一九二五年十月から二六年十二月まで隊務局長を務めた。もともとヴェッツェルは融通のきく、想像力豊かな人物と見なされていたけれど、隊務局長についたことからもわかるように、戦後も高く評価されていた。

一九三〇年八月、ヴェッツェルが三人目の顧問団長となり、顧問団は中国軍への戦術の講義に任務の中心をおいた。

まもなくして閻錫山と馮玉祥が蔣介石に対し反乱を起こし、蔣介石が彼らとの戦いに追われると、ヴェッツェルも戦術を助言し、蔣介石の要望に応えた。

やがて、中国共産党に対する蔣介石の戦いが始まり、昭和六年六月の第三次掃共戦で蔣介石が直接指揮を執ることになると、軍事顧問団も蔣介石とともに南昌に赴いた。顧問団は共産党との戦いにもかかわりだしたのである。

翌昭和七（一九三二）年一月に第一次上海事変が起こり、軍事顧問団の訓練した第八十七師と第八十八師が参戦した。そのときの二つの師（日本の師団とほぼ同じ編制、一個師は約一万人）の活躍から、ドイツ軍事顧問団はがぜん注目されるようになった。

その後、日本軍が熱河省に進攻し、万里の長城をはさんで中国軍との戦いになったとき、ヴェッツェル中将は中国軍の指揮を執った。

第五次掃共戦が行われることになると、ヴェッツェル中将はトーチカ建設による包囲作戦を蔣介石に進言し、一九三三年十月十六日、これまでとは様相を一変した第五次掃共戦が始まる。

ヴェッツェルが団長についたころ四十人ほどだった顧問団は、多いときには八十人近くにまで増えた。軍事顧問団は国民党内の軍閥や共産党だけでなく、日本軍との戦いにもかかわるようになった。

まだ第五次掃共戦が検討されていた同年五月に、ヴェッツェル中将はフォン・ゼークト大将に手紙を書き、中国を訪問するようすすめている。

フォン・ゼークト大将はヴェッツェル中将の三代前の隊務局長を務め、一九二六年十月七日、現役を退いていた。一九三〇年から三二年にかけてドイツ国家人民党から国会議員となったが、このときは議員からも身を引いていた。

手紙を貰《もら》ったフォン・ゼークト大将は、とりあえず中国を訪れることにし、八月に帰国するまでの三か月間、北支の実地踏査を行い、蔣介石に対して意見書を提出した。

「ドイツ製の武器で武装した近代的軍隊の建設をすべき」

「近代的な軍隊は権限を集中しなければならず、いったん（部下に）権限を委譲した場合すべての権限を与えなければならないが、中国の軍隊はそれが欠けている」

このように指摘した。また、このとき、

「日本一国だけを敵として、ほかの国とは親善政策を取ること」

ともすすめていた。

帰国に際して、蔣介石はゼークトの顧問就任を強く要請し、とりあえずドイツ駐在顧問の称号を贈った。

ゼークトがドイツに戻ると、今度はヒンデンブルク大統領とマッケンゼン元帥がゼークトに顧問就任をすすめた。

ヴェルサイユ条約で、外国との軍事援助にかかわることが禁止され、これまで団員は個人の立場として中国政府と契約し、ドイツ政府は関与していない姿勢を取っていたが、このころから公然とドイツとして援助にかかわるようになった。

昭和九（一九三四）年四月、ゼークト大将は再び中国を訪れ、ヴェッツェル中将に代わって顧問団の団長についた。このとき、これまでの団長と違い中国軍事委員会の総顧問にもついた。軍事委員会は、蔣介石が委員長を務め、中国政府の中で最も強い権力を持っている。蔣介石が南京を空けている間、ゼークトは、南京軍官学校の委員長官邸で、蔣介石に代わって軍と政府に各種の命令を発する権限も与えられた。ドイツ軍事顧問団は中国軍にとってそれほど高い地位を占めだした。

ゼークトが団長に就任すると、次々と変革が進められていった。

国軍編制会議では今後三年間にドイツ製武器を装備した二十個師の編制が決まった。

模範となる部隊としての教導総隊が創設された。

毎年一回、各兵科連合の演習が行われだした。

数多くの教育機関も設立された。中央士官学校、陸軍大学校、歩兵学校、憲兵訓練学校、化学戦学校、防空学校などが南京に次々と設立された。南京城外の丘陵地帯は一大軍事教育拠点となった。さらに杭州には航空士官学校、福建省には海軍兵学校が設立された。

中国軍の士気は高まった。装備も近代化され、戦術にも長《た》けるようになってきた。

第五次掃共戦の実行にあたって、ゼークトはヴェッツェル同様の包囲作戦を主張した。それまでの掃共戦では、中国軍は共産軍のゲリラ戦に手を焼いたが、この時はヴェッツェルとゼークトの進言で、中国軍は共産軍を包囲し、強力なトーチカを建設して、共産軍の弱体化を待つ作戦をとった。この作戦は見事に成功し、第五次掃共戦はこれまでにないほど順調に進んだ。

昭和十（一九三五）年三月、病気のためゼークト大将は帰国した。

ゼークト大将がはじめて中国を訪れたとき行動を共にしたアレクサンダー・フォン・ファルケンハウゼン中将が、ゼークト大将の推薦で五人目の顧問団団長に就任することになった。

ファルケンハウゼン中将もやはりドイツ軍のエリート将校であり、明治三十三（一九〇〇）年に北京で起こった義和団の乱に従軍、一九一〇年から一四年までは大使館付き武官として日本にも滞在した経歴を持っている。第一次世界大戦ではトルコ駐屯軍司令官に就き、戦後はドレスデン歩兵学校長を務め、昭和五年に中将で退役していた。

一九三五年一月に再び中国を訪れ、顧問団長代行に就任するとともに、「中国国防基本方針」を蔣介石に提出、三月にゼークト大将が帰ると団長に就任した。ゼークト同様、ファルケンハウゼンも蔣介石の信頼を受け、軍事委員会の総顧問に就任した。

アレクサンダー・フォン・ファルケンハウゼン

ゼークトのもとで決められた中国軍増強三か年計画は終わり、一九三六年、ファルケンハウゼンのもとで、新たに、近代化された六十個師（約六十万人）を再編し、さらに別の六十個師を近代化することが決められた。

中国共産党は第五次掃共戦で壊滅状態となった。いよいよ次は日本である。対日戦の準備が進められ、高射砲と防空組織の基礎造成、上海・南京間の陣地構築、南京城の要塞化に力が入れられた。

こうした中、驚愕すべき事件が起こった。一九三六年十二月十二日、蔣介石が西安で張学良によって監禁される事件が起こったのだ（西安事件）。解放に向けた話し合いが行われる中、十六日、首都南京では強硬論が強くなって張学良討伐が決まり、何応欽《かおうきん》が総司令に選ばれた。このときファルケンハウゼンは、ドイツ式訓練を受けた二個師とドイツの顧問をつけた戦車一個旅団で反乱軍を奇襲、共産党に対しては爆撃によって進出を抑え、蔣介石の釈放を求める、という計画を提案した。実際には何応欽の攻撃命令が出されることも、ファルケンハウゼンの計画が採用されるまでもなく、二十六日、蔣介石は無事南京に戻ったが、このことからわかるように、このころ顧問団は中国政府と一心同体のごとくになっていた。

昭和二年のバウアー大佐訪中以来、ドイツ軍事顧問団は中国軍を訓練し、装備を近代化し、軍閥と中国共産党との戦いでは作戦を指導した。三十名で始まった顧問団は昭和十二（一九三七）年五月には百名を超えるまでになった。もちろんこれらは世界に公表された事柄ではない。

共産党を大長征に追いやる

話は少しもどるが、ドイツ顧問団が共産軍を壊滅させた作戦について少し詳しく触れる。昭和五（一九三〇）年十二月、蔣介石は共産党討伐に着手し、昭和九年十月まで五次にわたり、戦闘は五年間も続いた。

第一次掃共作戦は昭和五年十二月に始まり、蔣介石は十万人の軍隊を投入した。兵力と火力に劣る共産党軍は、正面から戦うことを避け、遊撃戦に引きずりこむ作戦を取った。またたく間に蔣介石は一万六千人を失って敗退した。

第二次掃共作戦は昭和六年五月に始まった。今度は二十万の軍を動員したが、再び共産党の遊撃戦に敗れた。蔣介石はあきらめない。

引き続き第三次が行われることになり、七月、三十万もの軍を投入した。蔣介石自ら総司令となり、何応欽、陳誠といった領袖が前線で指揮を執った。このときゲオルク・ヴェッツェル団長がはじめて作戦の助言をした。戦いは三か月続き、蔣介石は攻めあぐねて、満州事変が勃《ぼっ》発《ぱっ》したこともあって、十月に戦線を撤収した。

年が明けると第一次上海事変が起こり、このため第四次掃共作戦の発動は五月になった。そのころになると共産党は、瑞金《ずいきん》の中央ソヴィエトのほか、湖北省、河南省、安徽《あんき》省にまたがる一帯にも勢力を大きく伸長していた。

湖北省、河南省、安徽省一帯のソヴィエトに対する作戦は順調に進んだ。これらの地域には、十戸が単位となって自治管理するという昔からの保甲《ほこう》制度を発足させ、県ごとに五百人の民兵からなる民団を組織させて共産党に当たらせた。九月には主なソヴィエトを壊滅させるまでに至った。中央ソヴィエトに対する攻撃も進められていて、すでに六月には十五万の兵力で包囲するまでになった。しかし、昭和八年に入ると共産党は反撃に転じ、得意の遊撃戦を展開し、三月になると蔣介石も引き揚げざるをえなくなり、四月末には失敗に終わった。

こうして引き続き第五次作戦が行われることになった。この年の夏の間、計画が練られ、ドイツ軍事顧問団が最初から作戦に参画した。

このとき考えだされた戦術は、まず福建省と江西省にまたがる中央ソヴィエトを大々的に包囲し、中央ソヴィエトに通じる交通をすべて遮断し、経済封鎖を図る。数百人の将兵が籠《こ》もることのできる大きなトーチカを見通しのよいところに作り、包囲網を完全なものにする。まるで万里の長城で中央ソヴィエトを囲むようなもので、共産党軍の得意とする遊撃戦に引き込まれないように注意し、敵を完全に敗走させたときだけ、新たにトーチカを作って進む。このような作戦のもと、一年かけても包囲網を少しずつ狭めていき、最後に中央ソヴィエトの殲滅《せんめつ》をはかる、というものであった。

秋に入ると、攻撃部隊が編成され、兵站《へいたん》がさらに進められ、戦車の準備も整えられた。それでも戦いは始まらなかった。それほど今回は準備に力が入れられた。

十五万と計算される共産党軍を包囲するのに蔣介石はなんと八十万もの兵力を当て、昭和八(一九三三)年十月十六日に第五次掃共作戦が始まった。

大包囲網を作った蔣介石の軍隊は、北に陣取った北路軍だけが攻め、残る三方面の部隊は包囲を完全なものにすることに集中した。

共産党の動きは封じられ、早くも最初のひと月で成果が現れた。

年が明けるころ、蔣介石は三千個のトーチカを築くまでになった。

昭和九（一九三四）年一月二十二日に共産党は会議を開き、毛沢東が最高指導者を辞任し、張聞天が後を継いだ。同時に、毛沢東の遊撃戦に代わってオットー・ブラウンの主張する陣地戦が取られることになった。これまでの、相手の出方を待つ消極的な戦法から、共産党軍も攻撃拠点にトーチカを設け、敵をトーチカから引きずりだし、そこに突撃して決戦するというもので、短促突撃と名づけられた。

オットー・ブラウンはドイツ生まれのソ連軍人で、コミンテルンから派遣されて三年間にわたって中国共産党を指導していた。会議をきっかけに軍事上の指揮も執ることになるのだが、第五次作戦は、ヴェッツェルとオットー・ブラウン、いわばドイツ人顧問同士の戦いとなった。

しかし、オットー・ブラウンの戦術は、火力で劣り、飛行機を持っていない共産党軍にとって無謀な戦術で、蔣介石は包囲網をさらに縮めていった。

中央ソヴィエトの中心である瑞金の表門にあたる広昌には、共産党軍のトーチカが築かれ、共産党にとっての決戦場とされていたが、昭和九年四月、蔣介石はここを攻撃し、攻略した。この戦いで共産党軍は四千人の戦死者を出した。

苦戦におちいった共産党軍は、ソヴィエト地区の農民を徴兵して戦いを続け、夏から秋にかけてさらに激しい戦いが繰り広げられたが、蔣介石による包囲網はさらに縮まり、中国共産党の十五万の軍隊は十万にまで減少する。経済封鎖も効いて、ソヴィエト地区は塩不足に悩まされるようになった。

一九三四年十月十四日、ついに中国共産党は瑞金からの脱出を決めた。このとき、共産党軍は各自が自分の布団や米など、持てるものはすべて持って脱出した。旋盤機械や造幣機械も分解して運んだ。そのため蔣介石の追撃にあい、たちまち共産党軍は六万五千を失って三万五千にまで減少した。

一年間にわたった第五次討伐は蔣介石の圧勝となった。

共産党軍は、ソヴィエトのあった江西省と福建省から脱出し、湖南省、広西省を通り、貴州省、雲南省、四川省と迂回《うかい》し、大湿地帯、大雪山を越え、一九三五年十月、やっと陝西省《せんせい》にたどりついた。要した期間は一年、距離は一万四千キロメートルに達した。これがいわゆる大長征であり、この惨憺《さんたん》たる大長征は、ドイツ軍事顧問団の作戦能力によってもたらされたものと言えるだろう。

それから三年後、国民党と共産党は再び手をにぎり、ソ連の軍事顧問団が中国にやってくる。顧問団の一人カリャギン中将は、このときの見聞を次のよう記した。

「ドイツ人顧問は、共産党軍討伐戦のときにはすばらしい能力を発揮した。彼らの残した足跡は、われわれが中国のあちこちの地方を旅行したとき、いくつとなく見かけられた」

ドイツ軍事顧問団の力量はソ連顧問団も認めざるをえなかったのだ。

日本を引き込み、長期戦に持ち込む

ドイツ顧問団は日本軍との戦いも指導することになる。

昭和七（一九三二）年一月、第一次上海事変が勃発した。戦いの後半、中国軍はヴェッツェル中将ら軍事顧問団が訓練していた第八十七師と第八十八師を投入してきた。直接ではないけれど、これが日本軍との戦いにドイツ顧問団がかかわった初めである。

昭和八年三月、日本の熱河作戦は万里の長城を挟んだ戦いとなった。このときヴェッツェル中将は中国軍の指揮を執った。

ヴェッツェル中将がかかわったのは戦術だけであったが、続くゼークト大将とファルケンハウゼン中将は戦争指導にまでかかわるようになっていた。しかも、対日敵視政策、対日強硬策を自ら進言しだしたのだ。

「日本に対して中国が強くなるためには武器も必要であろうし、飛行機も必要であろう。けれども自分がドイツにおける国防軍を編制し、国防軍を動かした経験からするならば、今最も中国がやらねばならぬことは、中国の軍隊に対して日本に対する敵愾心《てきがいしん》を養うことだ」

中国軍の強化策を蔣介石から問われたゼークトはこのように答えた。

この考えは、蔣介石だけでなく中国の軍人の思想を貫き、それが核となり、やがて中国人全体の反日感情となっていった。秘密警察組織である藍衣社《らんいしゃ》が特別な力を持つようになったのも、ゼークトの献言による日本敵視政策を取り入れるようになってからである。

昭和十（一九三五）年一月、ファルケンハウゼン中将は「中国国防基本方針」と題する対日戦略意見書を蔣介石に提出した。

日本が攻撃したとしても、日本は、極東に戦略的地歩を求めるソ連に備えなければならず、中国に経済的関心を持っている英米と対立することになり、日本の財力はそういった全面的な国際戦争に耐えられない、とファルケンハウゼンは分析し、中国は長期戦に持ち込んで、できるだけ多くの外国を介入させる、という戦略を示した。

また、日本軍が攻撃してくる路《みち》は「満州方面から天津と北京へ進撃する路」「山東半島からの上陸」「浙江省海岸への上陸」「揚子江口への進撃」が考えられるとし、その場合、中国は黄河まで後退し、北方から黄河までの鉄道を破壊する一方、南方との鉄道は確保して補給、持久戦に持ち込むとしている。

さらに防衛策として、揚子江沿岸に砲台を築き機雷を敷設する、浙江省と山東半島海岸を防備する、黄河渡河点を要塞化する、鉄道線路の回収と軍需資材を備蓄する、地図作製と機銃陣地網を構築する、といった具体的準備も献策した。

このころファルケンハウゼンは、北支での戦いを主な対日戦と考えており、中国軍が近代戦に適応できないことを認めると共に、長期戦に持ちこむためには中国政府の抗日姿勢が大切だ、と説いている。

一九三五年十月一日には、漢口と上海にある租界の日本軍を奇襲して主導権を握るように進言していた。漢口と上海の租界では日本の海軍特別陸戦隊が邦人の保護のため駐屯しており、この日本軍を奇襲しようというのである。日独防共協定締結の約一年前にドイツ人が中国にこの様に献策していたのだ。

ファルケンハウゼンは中国の敵を、日本が第一、共産党を第二と考え、日本軍を叩《たた》く過程において中国軍が勝利を収めていけば共産党を消滅させせえると予測していた。しかし蔣介石は安内攘外であり、主要な敵は誰であるかという基本が違っていた。ファルケンハウゼンの進言を受けて蔣介石は何応欽《かおうきん》軍政部長と相談するが、何応欽も、直ちに日本と戦うというファルケンハウゼンの考えに反対だった。

「ファルケンハウゼン中将の熱心さはわかるが、外人顧問は外人顧問であり、無責任な存在にとどまる。国運をゆだねるべき相手ではない」

何応欽はこう指摘した。

しかし、ファルケンハウゼンの対日戦の進言は執拗《しつよう》に続けられた。昭和十一（一九三六）年四月一日になると、今こそ対日戦に踏み切るべきだ、と蔣介石に進言する。

「ヨーロッパに第二次世界大戦の火の手が上がって英米の手がふさがらないうちに、対日戦争に踏み切るべきだ」

ひと月半前、二・二六事件が起こって日本軍部が政治の主導権を握り、軍部の意向が阻害される可能性は少なくなり、その一方、ドイツがラインラントに進駐してイギリスの関心はヨーロッパに向き、中国の争いに介入する余裕がなくなった、そのため、英米の関心が少しでも中国にあるうちに中国から日本との戦争に踏み切るべきである、というのである。

このとき、日本の航空戦力の飛躍的増強で黄河での抗戦はむずかしくなったとも判断し、日本軍が支配している地域でゲリラ戦を展開し、中国内のみならず満州、日本本土にも、情報収集と破壊工作を展開するスパイ網を設けるべきという新たな戦術も示した。

これら献策は蔣介石の取るところとならなかったが、九月三日、広東省北海市で日本人が殺害される事件が起こり、日本軍から攻撃が予想されるようになった九月十二日、ファルケンハウゼンは改めて河北省の日本軍を攻撃するよう進言した。

皮肉なことに、これら蔣介石とファルケンハウゼンのやりとりは、なんと日本語で行われていた。日本語こそ、二人に共通の言語であったのだ。

北海市の事件の後、北京郊外で日本軍と中国軍との衝突が相次いだ。漢口租界地でも立番中の日本人巡査が射殺された。第三艦隊旗艦「出雲」の乗組水兵四人が上海の共同租界で撃たれ、うち一人が死亡した。こうして緊張感が高まると、

「戦争以外にはない」

とファルケンハウゼンは確信した。

昭和十二（一九三七）年四月三日、税警団が青島に派遣された。税警団とは、税金にかかわる問題を処理するため中国の財政部が管理する警備部隊で、その実態は軍隊である。以前からファルケンハウゼンは、青島へ日本軍が上陸することを予想して、青島の要塞化を説いていたが、山東省は軍閥の韓復榘《かんふくく》が強い権力を持っていて蔣介石の介入を拒絶していたため、ファル

ケンハウゼンは税警団の名目で軍隊を送りこむよう献策し、蔣介石の韓復榘対策もあり、これが実行されたのだ。

このようにファルケンハウゼンは常に対日戦を主張し、蔣介石を煽《あお》っていた。献策がすべて採用されたわけではなかったけれど、蔣介石はファルケンハウゼンの意見に耳を傾けた。ファルケンハウゼンは蔣介石に対して心からの敬意を持ち、蔣介石はファルケンハウゼンの進言に心強さを感じていた。

独中貿易が飛躍的に進展

第一次大戦が始まるまで、ドイツは租借地の青島を拠点に、列国と中国市場を争っていた。最盛期には中国に対する諸外国からの投資の二〇パーセントを占めたが、大戦の敗北でその基盤を根こそぎ失った。

しばらくして独中貿易は回復する。以前のように活発となったのはドイツの軍事顧問団が中国に渡ってからである。

一人目の団長マックス・バウアー大佐からして、軍事面だけでなく、経済面での顧問も兼ねていた。もともと朱家驊が声をかけたのも、経済面における尽力を期待してのことだった。ドイツ軍需産業界との関係を持っていたマックス・バウアーは、顧問となった翌一九二八年春に一時帰国、ドイツの産業界と接触し、重要人物の中国視察を実現させた。バウアーが再び中国を訪れたころ、軍事と経済双方にかかわる顧問団は三十名ほどに増え、経済面での活動は鉱工業や農業の分野にまで及んだ。

二人目のヘルマン・クリーベル中佐は、顧問団長を辞任してから中国との貿易に力を奮った。彼は一九三四年四月に上海総領事に任命され、ヒトラーだけでなく、蔣介石からの信頼も厚かったことから、中国産品の買い付けに活躍した。それはドイツ国防軍のためにもなり、中国における影響力は駐華大使トラウトマン以上だといわれ、一九四一年二月に外務省人事局長としてドイツに戻るまで、影響力を保った。

三人目のヴェッツェル中将は、軍事面では十分に応えたけれど、経済面での貢献は必ずしも蔣介石を満足させなかった。軍事顧問団がかかわるにつれ、中国はドイツ製の武器を一層求めるようになり、軍事顧問団が応えてくれることを望んだ。

そのため蔣介石はヴェッツェル中将の上にさらに有力な人物を持ってくることを考え、フォン・ゼークト大将に白羽の矢を立てたのだ。

昭和八（一九三三）年六月、はじめてゼークトが中国を訪れたとき、ハンス・クラインが同行した。ハンス・クラインは、退役大尉で、第一次世界大戦前から武器商人として活躍していた。戦後、ドイツとソ連との間に提携が進められたとき、条約による提携を進めたのがゼークトであり、そこから生まれた貿易に従事したのがクラインだった。中国訪問中、クラインは南京政府と広東政府の双方と武器工場の建設について契約を結び、ゼークトはドイツ軍事顧問団と独中貿易について話し合った。このことで独中貿易はこれまでないほど進展が見られるようになった。

ドイツが特に輸入したかったのはタングステンだった。タングステンは、特殊鋼の生産に必要な戦略的鉱物だが、ヨーロッパやアフリカでは全く産出されず、埋蔵量において中国が最大量を誇っていた。中国共産党が支配している中国南部も主要な産出地で、そこでは毛沢東の弟の毛沢民が責任者となり、産出したタングステンを広東政府に売っていた。これらのタングステンもクラインを通してドイツに渡るのだが、クラインは南京政府とも交渉した。

帰国したゼークトはドイツ国防軍と協議した。近代化を目指す中国軍は、ドイツ製の武器が必要で、さらにドイツの機械や工業製品も欲しがった。一方、再軍備を進めるドイツはタングステン、鉱物、桐油など中国の産出する原材料を必要としていた。外国為替の不足に悩むドイツはバーター貿易を進めざるをえない。中国も全く同様である。

蔣介石の希望する軍備増強のため、バーター貿易が急激に増大すると考えられたが、ドイツ軍部と産業界は全面的に賛同した。

ゼークトが帰国するときクラインも帰国し、翌三四年一月、クラインは貿易会社ハプロ（工業製品貿易有限会社）をベルリンに設立した。ドイツに戻ったゼークトとクラインの根回しにより、軍事顧問団は貿易から手を引き、軍事顧問団のかかわってきた貿易関連はハプロが担当することになり、独中貿易をさらに促進させることになる。

同年三月、ゼークトが改めて中国を訪れ、クラインも同行した。

八月二十三日、ハプロと中国の間で物資交換条約が結ばれ、トラック工場の設立、鉄道の敷設が決まった。

ゼークトが軍事顧問団の団長を務め、クラインが貿易に従事している期間、独中貿易は飛躍的に伸びた。

三五年三月、顧問団長を辞めて帰国したゼークトは「ドイツは中国と協力すべきだ」という主張をヒトラー総統、閣僚らの前で一時間にわたり話した。ヒトラーはゼークトの意見に賛同した。戦後の混乱するドイツ経済を国立銀行総裁として立て直し、ナチスが政権を握ると経済大臣に就任してドイツの経済繁栄を築いたシャハトも独中貿易推進者の一人だった。独中貿易は当時のドイツあげてのものとなったのだ。

三六年一月、南京政府の訪独団がドイツを訪れるが、彼らは二千トンのタングステンを用意した。訪独団はヒトラー総統はじめ国防大臣のブロムベルク、経済大臣シャハトらと会見した。四月八日、経済大臣シャハトと財政部長孔祥熙《こうしょうき》の間に一億ライヒスマルクの借款貿易協定が結ばれた。中国に軍事工場を設立するため、ドイツが巨額の資金を貸し付ける協定で、これにより単なる私企業ハプロと中国との間に締結された契約は公的な協定となった。

これらをドイツ軍部の中で推進したのは、国防省官房長のワルター・フォン・ライヘナウ中将である。ライヘナウ中将は政権を取る前からナチスに共鳴してヒトラーと接触しており、政治的な動きのできる人物であった。官房長を務めた後、ミュンヘン管区司令官となり、第二次世界大戦が始まると、ポーランド進攻の第十機甲軍司令官、フランス攻略の第六軍司令官を歴任し、四〇年七月、西部戦線の大勝利を祝って九人の将官が元帥に任命されたとき、そのうちの一人に選ばれている。

貿易協定が締結されると、ライヘナウ中将はクラインらと中国軍備拡張計画を練った。中国側に蔣介石へ直属する軍事部門と経済・技術部門を置き、これに対応する新たな顧問団をドイツにも置く。六個師からなる十万の軍隊を作り、将来は三十万まで拡大する。これら部隊が配置されるところには必要な軍備を供給する軍需産業を育成する。

また、沿岸防衛用の諸設備として、とりあえず四隻の高速魚雷艇を緊急輸出し、最終的に五十隻まで提供、揚子江の防衛としては15センチ砲台と機雷封鎖設備を供給する。

これらの計画に、中国側は軍事委員会に属する資源委員会があたった。

五月、ライヘナウ中将は計画の進行状況を視察するため中国へ向かった。

七月に入ると中国は重工業建設三か年計画をスタートさせ、クルップとシーメンスの協力する中央鋼鉄廠、ドイツの援助による各地の兵器工場、イー・ゲー・ファルベンの援助による爆薬関係研究所、ダイムラー・ベンツの技術援助による国有自動車会社などの建設計画を進めた。自動車会社は中国初のものとなった。

クルップはドイツ最大の兵器製造会社。シーメンスもドイツ最大の電機メーカーで、あらゆる電機製品を製造し、ナチスの政権掌握とともに隆盛を迎えていた。イー・ゲー・ファルベンはこれも巨大化学メーカー。ゴムや繊維の人工合成に成功し、政府からの投資によって業績を伸ばしていた。ダイムラー・ベンツは、第一次大戦後、不況を乗り切るため、ダイムラーとベンツの二社が合併してできた自動車会社。このようにドイツの主要メーカーが利益のためとはいえ中国に肩入れしていく。

中国側もそれに応えた。

ヴェッツェル中将が団長を務めていた三一年、中国から見た輸入貿易量の国別比率でドイツは五パーセントで、アメリカ、日本、イギリスに次ぐ順位であった。その後ドイツの貿易量は毎年伸び、三六年には一六パーセントとなり、イギリスを抜いて日本と並び、ほぼ戦前の水準までに回復したのだが、その推進力となったのが軍事顧問団だったのである。

急速に進んだ中国の対日戦備

国民党内の反蔣勢力を抑えこみ、中国共産党を壊滅寸前に追いやった蔣介石は、対日戦に本格的に取り組んだ。

昭和九(一九三四)年、上海・南京間の陣地構築が始まったが、昭和十一年には陣地構築が急ピッチで進んだ。

上海西北八〇キロメートルの福山・呉県間にトーチカ群が構築されたが、これは呉福線と呼ばれ、やがてこの陣地は、上海の特別陸戦隊を攻撃するときの拠点となり、日本軍が南京に向かってくるときの防御陣地ともなった。呉福線のさらに西北四〇キロメートルの江陰と無錫の間にもトーチカ群を設け、呉福線が破られたら、ここで阻止しようと作られ、この陣地は錫澄線と呼ばれた。

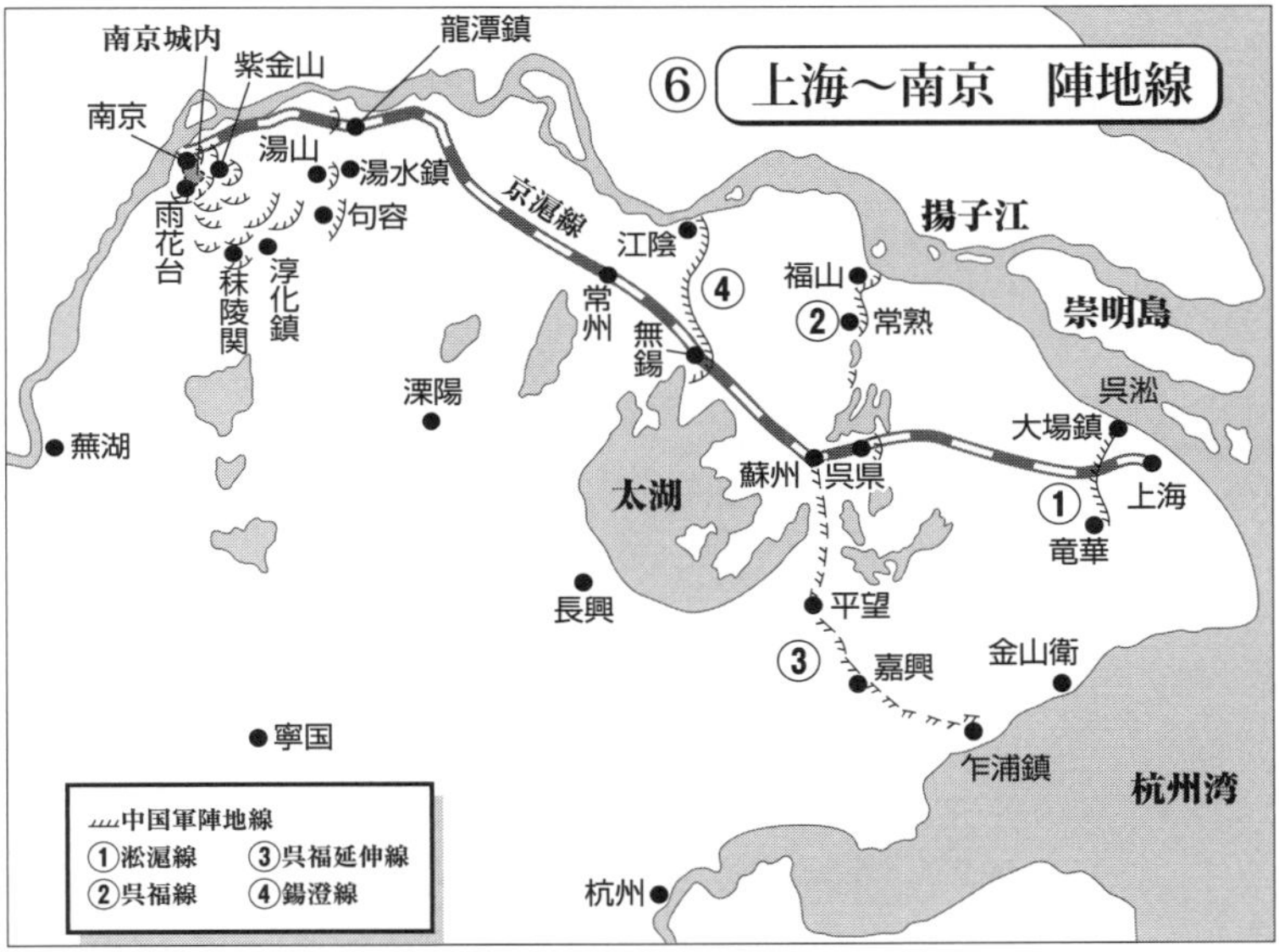

呉福線や錫澄線はヒンデンブルク・ラインとも総称された。ヒンデンブルクは第一次世界大戦で、ルーデンドルフとコンビを組み、タンネンベルクでロシア軍を破り、一躍救国の英雄となって、参謀総長となり、敗戦後はワイマール共和国の第二代大統領を務めた人物である。上海から南京にかけての陣地はドイツ軍事顧問団の指導で作られたため、このような名前がつけられたのだ。

上海での戦いを想定して、杭州湾一帯から嘉興にかけても三つの陣地が作られた。そのうちの一つは、呉福線と繋《つな》がって、嘉興を通って、杭州湾の乍浦鎮まで続いた。杭州湾はファルケンハウゼンが日本軍の攻撃路として指摘していた。

首都南京の周りにも陣地が構築され、南京郊外二〇キロ付近には外周陣地が、南京城周辺には複廓陣地が作られた。

これらは、鉄筋コンクリート製、出入り口は鉄の扉というトーチカを中心に、周りの掩蔽壕《えんぺいごう》とでなっていた。

上海周辺にももちろん多数作られた。

第一次上海事変で淞滬《しょうこ》協定が締結され、上海の蘇州河から北の南翔、嘉定、劉河鎮にかけては非武装地帯と決められていた。しかし、昭和十年、中国軍は蘇州河南の竜華から、非武装地帯に食い込むように大場鎮を通って揚子江岸の呉淞にいたる間に陣地群を作ることを決め、昭和十一年、中国は幹部参謀旅行演習を行い、工事は突貫作業で進められることになった（地図⑤参照）。

上海の陣地構築は秘密裡に進められたが、さすがに日本側もそれを探知し、協定違反だと抗議したものの、中国側は協定を無視して陣地構築をさらに進めた。

上海の陣地は、淞滬陣地と呼ばれ、トーチカと掩蔽壕からなり、なかには周囲一〇〇メートルや二〇〇メートルの堅固で大きなトーチカも作られた。多くは民家を強化してトーチカに作り替え、地下道などで結ばれている。至るところ流れているクリークが堀のようにトーチカを守る役目を果たした。

昭和十一年二月、対日戦準備のため、全国は数個の国防区に分けられ、南京上海地区の防衛のために京滬《けいこ》地区司令が新設されて、張治中中将が任命された。

張治中は、黄埔《こうほ》軍官学校が設立されたとき学生総隊長に就《つ》き、第一次上海事変では第五軍の軍長として日本軍と戦っている。その後、南京に移った軍官学校の教育長を務め、京滬地区司令に任命されたのだ。張治中は、さっそく軍官学校の幹部の中から要員を選び、高級教官室と名づけた部屋に集めた。部屋は休憩室のようにカムフラージュされていたが、戦闘が始まれば、軍司令部となり、そこにいる幹部が司令部要員となる。選ばれた要員はさっそく防衛陣地の視察に向かい、銃座や砲座を作る作業が急テンポで進められた。

半月後、仮の軍司令部は名園として名高い蘇州の留園に移された。

張治中中将は、第三十六師と第八十七師を呉福線まで進めて陣地構築させ、第八十八師には錫澄線の陣地構築につかせた。

九月になると張治中は、部隊を作戦地に配備し、軍事輸送のためすべての車輛と船舶を支配下に置き、糧秣は作戦予定地に蓄えておくよう政府に要請した。さらに十月、もし衝突が起これば、四ないし五個師を上海正面に投入して一気に日本の陸戦隊を殲滅《せんめつ》すると共に、劉河鎮から福山にかけた揚子江岸に二個師を配備して日本軍の上陸に備え、上海の戦いを三か月以上持久するために全体として六ないし八個師が必要であると意見具申している。

張治中自身は、呉福線や錫澄線で戦うようになれば中国軍にとっては苦しく、上海で一挙に日本軍を撃滅するか、上陸軍を阻止するかでなければ勝てないと考えていた。

また、日本軍の溯航《そこう》が予想される揚子江岸にはいくつもの要塞が作られた。

以前から揚子江岸には要塞が構築されていたが、古い要塞は改築され、近代的な要塞に変わった。新たに鉄筋コンクリートの機関銃陣地も多数設置された。

揚子江を一六〇キロメートルほど溯《さかのぼ》った江陰には最初の要塞がある。最初の要塞というより、揚子江岸最大の要塞である。右岸の小山には、麓《ふもと》から幾重もの鉄条網、幾段ものトーチカ群が続き、頂上には32センチ巨砲が四門すえられた。ドイツ軍事顧問団によって設計された最新式のもので、さらに新規に四門の工事が着手された。

それと同時にさらに溯った南京付近の要塞も改築され、城内にある鶏鳴寺にも高射砲が設けられた。この高射砲はその当時の日本軍にもない電動照準装置のついた最新式のもので、これもドイツから輸入されたものだった。

南京からさらに溯ると、安慶からはじまって馬頭、田家鎮と要塞が続く。これらもドイツ軍事顧問団が指導して作り、中でも馬頭にある五つの堡塁《ほうるい》は最も近代的なものであった。

昭和十一年四月の借款条約に従って、ドイツは中国軍備拡張計画を作成するが、このとき、中国陸軍に限られていたものが海軍にまで広げられることになった。

六月、中国にやってきたライヘナウ中将は、「もし戦争が勃発したら、ドイツ軍事顧問団が中国軍と戦場に赴くのは当然だ」と豪語した。

ドイツ軍事顧問団の指導のもと、中国は対日戦に向け、最新式の陣地を構築し、ほぼ万全の準備を整え、日本との開戦を待っていたのである。

◉第二章◉

日中戦争始まる

昭和12年7月、盧溝橋の上を進軍する日本軍

盧溝橋事件勃発

明治三十三（一九〇〇）年の義和団事件以来、北京から天津一帯に、日本や欧米の軍隊が条約に基づいて駐屯していた。昭和十二（一九三七）年の七夕の夜、日本の一個大隊が、間近にせまった司令官の検閲に備え北京郊外で夜間演習をしていた。近くを永定河が流れ、そこに架かる盧溝橋から数百メートルのところに、長方形の城壁に囲まれた宛平という町がある。その北にある龍王廟付近で演習をしていたところ、堤防辺りから、突然、数発の銃弾が撃ちこまれた。昭和十二年七月七日、午後十時四十分ころである。

銃弾が撃ち込まれ、しかも夜間だったため、集合ラッパが吹かれた。ラッパが吹かれると、再び弾が飛んできた。といって死傷者が出たわけではなかった。知らせを受けて、天津の支那駐屯軍司令部は、深夜の会議を開き、東京の参謀本部へ報告し、中国に軍使を派遣して謝罪要求をすることにした。

察哈爾《チャハル》省と、北京などのある河北省は、宋哲元を委員長とする冀察《きさつ》政務委員会が行政権を持ち、二つの省を支配する第二十九軍の軍長も宋哲元が兼ねており、蒋介石の南京政府から半分独立していた。

知らせを受け、日本の北京特務機関も深夜の午前一時ごろから協議を始めた。午前二時、そのうちの一人、中国の第二十九軍の軍事顧問を務めていた桜井徳太郎少佐が中国側に向かい、秦徳純北京市長に会って説明すると、秦市長は軍使を歓迎し、中国側からも現地に使者を派遣

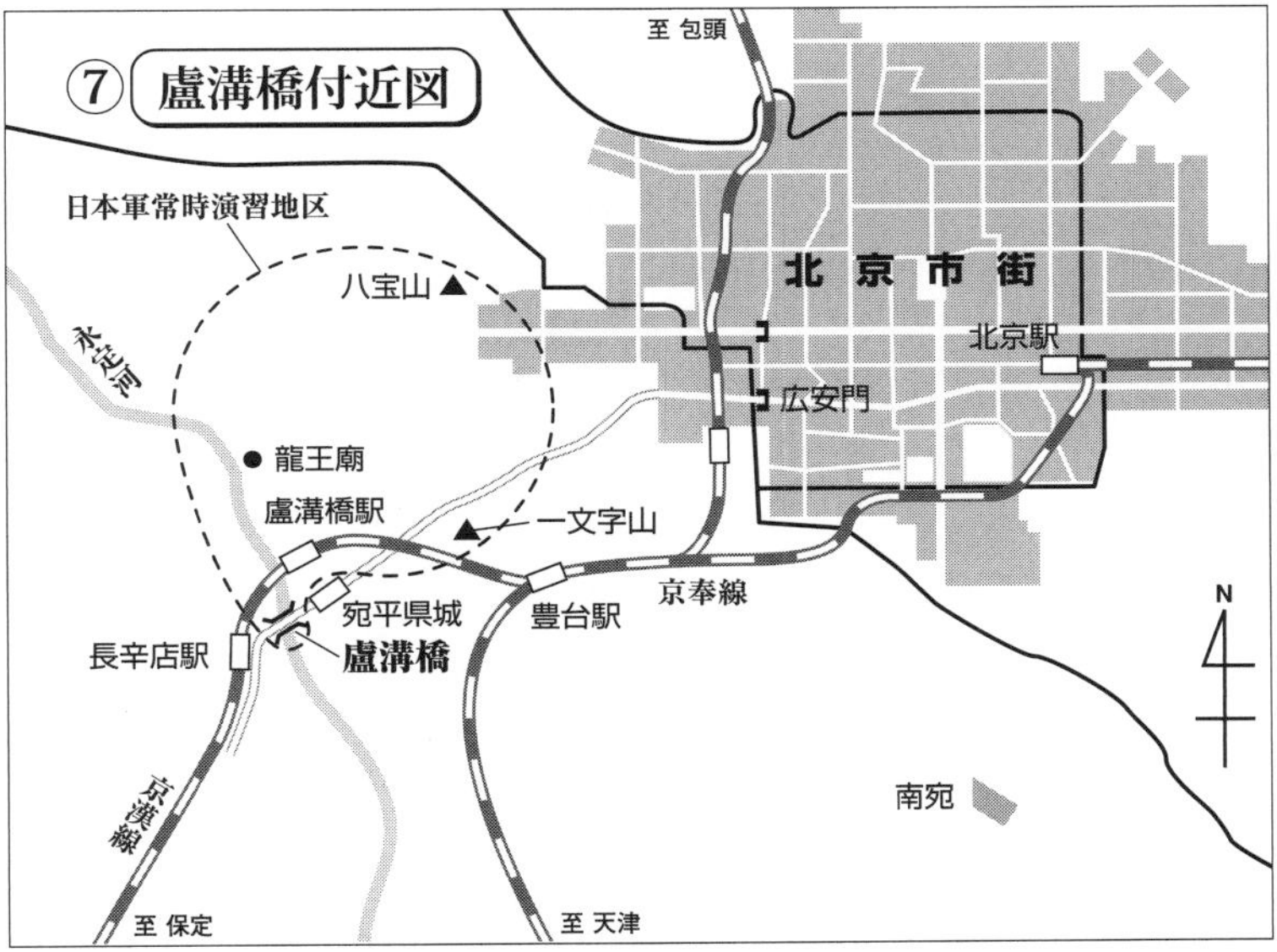

すると述べた。秦徳純は第二十九軍の副軍長、いわば察哈爾省と河北省のナンバー2である。午前三時、日本の軍使と中国側の軍使が宛平県城に向かった。

三時二十五分、またも龍王廟から銃声が聞こえてきた。報告を受けた牟田口廉也連隊長は命令した。

「撃たれたら撃て」

その命令を受けた一木清直大隊長は、中隊を展開させ、歩兵砲隊には龍王廟を目標に展開させた。

五時三十分、再び龍王廟とそばの堤防上から攻撃を受けたので一木少佐は砲撃を命令、歩兵砲は龍王廟付近の中国側トーチカを吹きとばした。すると今度は、宛平県城、盧溝橋上、川中島などから日本軍に銃砲撃が集中してきた。

七月八日午前五時、天津からの急電が

東京の陸軍中央部に届き、午前中に外務・陸軍・海軍三省の事務当局会議が開かれ、不拡大の方針が確認された。

宋哲元は、午前六時ごろ南京政府に電報を打ち、午前八時、蔣介石に転電されたが、電報の内容は「日本軍が奇襲攻撃をし、宛平県城は包囲され、激戦中」というものだった。

この情報しか手元になかった蔣介石は直ちに応戦しなければならないと判断し、黄河以北に一個師を派遣して、さらに二個師を準備、石家荘には一個軍（数個師）と三個師を進出させるよう、命じた。宋哲元には「宛平県城を死守し、派遣される部隊を保定で指揮せよ」と打電した。編制からいえば、中国の師は日本の師団に当たるが、一個師は約一万人、一方日本の一個師団は二万五千、二・五倍の開きがある。

午後六時四十二分、

「事件の拡大を防止するため、さらに進んで武力を行使することを避くべし」

との指示が日本の参謀総長から支那駐屯軍に打たれた。しかし、宛平県城からまたも砲撃があり、日本軍も砲撃した。

第二十九軍と日本の間では話し合いが進められていたけれど、それを壊す銃砲撃が一日中続いた。日本から見ると、中国軍は掴《つか》まえどころがなかった。

九日午前二時、北京特務機関と秦徳純北京市長との間で、日本軍は豊台へ、中国軍は永定河以西に撤退し、宛平県城に二、三百人の中国保安隊を駐留させる、と合意された。

午前五時、日本軍が撤退を始める合図のラッパを吹くと、攻撃の合図と誤解したのか、中国軍は迫撃砲を撃ってきた。日本軍は応戦し宛平県城に向かって歩兵砲を撃った。撤退は午前九時に延期され、双方の交渉員が連絡に走り、現地に飛んだ。

午後になって中国の保安隊が宛平県城に入り、午後六時、日本軍が撤退を始めた。七時、日本軍は撤退した。

三日間で、日本軍の戦死者十一名、負傷者三十六名、中国軍は遺棄死体約三十名、負傷百名以上を出したと推定された。

この日、東京で開かれた五相会議で、事件解決のため、中国軍の撤退、責任者の処罰、中国側の謝罪、今後の保障、の四条件が決まり、打電された。これはまとまりそうな条件だった。十日早朝、第二十九軍から蔣介石に「戦闘は一段落し、事件は解決する方向にある」と伝えられたが、蔣介石は引き続き戦闘準備をするよう命令した。第二十九軍首脳は解決に向かっていたが、蔣介石はそうではなかった。

日本も不拡大でまとまっているわけでなかった。

参謀総長は閑院宮元帥であるが、皇族の参謀総長は名誉職の色合いがあるうえ高齢で、参謀次長の今井清中将は病床にあって、無理に登庁してもソファに横臥《おうが》していなければならなかった。参謀本部を率いていくのは第一部長の石原莞爾《かんじ》少将となり、石原部長は不拡大論者である。しかし、内部は不拡大論と一撃論に分かれていた。

北京では、午後四時から、四条件の交渉が始まったが、日本軍が攻撃してくるとか、中国軍の若手は停戦に反対しているといった情報が飛び交い、なかなか進まない。

日本軍は二個中隊を警戒のため一文字山に残していたが、十日午後七時三十分、中国軍が攻撃してきたため反撃し、午後九時十五分に龍王廟を制圧した。この戦いで戦死者六、負傷者十を出し、中国側の損害は百を越えたと推定された。

いざこざは収まる気配がなかった。

十一日午前四時三十分、病気の田代皖一郎中将に代わり香月《かづき》清司中将が支那駐屯軍司令官に任命され、天津に向け出発した。

五相会議と午後の閣議で、関東軍から独立混成第一旅団と独立混成第十一旅団、朝鮮軍から第二十師団、内地から第五、第六、第十師団の派兵が決定され、午後六時二十五分、この事件を「北支事変」と呼ぶと決められた。

派兵が決まった後、今井武夫駐在武官と中国側との間で事件解決の条件が合意したと北京から電報が入ってきた。しかし、協定そのものが成立したわけでなく、成立しても実行されるかどうか不明だ。協定の締結と実行を促進させるためにも、関東軍と朝鮮軍だけの派兵は実行することになった。

一方、中国側の戦争準備も進んでいた。中国軍は日本の数倍から十倍までの動員が可能で、第一線の百個師、予備の八十個師を七月末まで動員するよう、軍政部長の何応欽から指示が出され、糧秣《りょうまつ》などの準備も命令された。

午後八時、松井太久郎中佐と張自忠第三十八師長の間で解決条件の協定が調印された。

十二日午後二時、香月清司中将が天津に着任した。橋本群参謀長から協定が調印されたことを伝えられたが、香月中将が東京を出た後、日本政府は派兵を声明しており、不拡大の方針は変わったと考えざるをえない。解決条件の協定調印だけでは将来の保障ができないと香月司令官は考え、作戦準備を念頭に置いた。

中国側も、蔣介石は宋哲元と秦徳純に戦闘準備命令を打電した。

十三日にも蔣介石から宋哲元に、「解決はありえない、政府は戦争を決断した」との電報が来る。新しい司令官のもとで支那駐屯軍の方針も変わる。支那駐屯軍は、中国軍が永定河左岸に撤退しない場合はただちに武力を行使すべきで、その準備を二十日ころまでに完了する、と意見をまとめ、十一日に合意した条件に将来の保障を含む新たな七項目を加えることを決めた。

この知らせを受けて参謀本部第二課は、十一日の解決条件の実行を見守るよう打電した。しかし支那駐屯軍は、一参謀が個人的意見として、新たな七項目の要求を宋哲元に伝えたのだ。

関東軍と朝鮮軍の動員は始まっており、それらを支援するため、航空兵団と後方担当部隊を動員することも東京で下令されている。

十六日、東京の参謀本部から、七項目を簡略化した四項目を履行させ、めどを十九日にすると支那駐屯軍に伝えてきた。実行しなければ武力行使する、とも付けくわえられた。

十七日、宋哲元はほぼ日本の条件を飲む意向であることが伝えられた。

十八日午後一時十分すぎ、香月司令官と宋哲元の会談が行われ、宋哲元は七項目をほぼ受け入れ、一時三十五分に会談は終わった。

日本が期限としていた十九日、宋哲元が撤退に動きだした。

しかし、南京の外交官同士の話し合いでは、蔣介石の意向を受けた中国側が、「現地の解決は認められない」と主張する。

午後六時、蔣介石が十七日に廬山で行った演説がラジオ放送された。「盧溝橋が占領されるなら、北京は第二の奉天になり、北京が第二の奉天になれば、南京が北京にならないと誰が保障できるであろうか、いよいよ最後の時がやってきた」というものである。解決に向けて努力している宋哲元への圧力となった。

午後十一時、七項目のうち六項目を承諾するという協定が天津で成立した。宋哲元の解決姿勢は変わらない。

二十日、項目の一部が実行された。

二十一日も同様に進展した。

この日、蔣介石が派遣した熊斌《ゆうひん》参謀次長が宋哲元の元にやってきた。「蔣介石は対日戦を決意している」と聞かされた宋哲元は、蔣介石の指示に従うと述べた。

これで中国軍の撤退は取りやめとなった。

蔣介石は、滄県から石家荘にかけての防衛網の工事を急がせ、二個師の北上を命じた。

二十四日、天津と北京のほぼ中間に当たる郎坊《ろうぼう》に、電話線を補修するため、支那駐屯軍の電話線修理班がやってきた。駅の近くに第三十七師の兵舎があったが、これまでと違い、駅の周囲には陣地が構築されている。翌二十五日、再び通信線が切断されて修理班が向かうことになった。前日の中国軍の様子から危険を感じた日本軍は、修理班に一個中隊を同行させた。修理が手間取ったため、修理班と一個中隊はその夜を駅で明かすことになったが、午後十一時三十分、突然、中国軍が攻撃してきた。このときは応戦するまでには至らなかったけれど、深夜零時を回ったころ、迫撃砲の砲撃を受けて四名の負傷者が出たため、日本軍はやむなく反撃した。報告を受けた支那駐屯軍は二個大隊を急派することに決め、そのことを東京に打電した。

電報を受けた東京の参謀本部・石原部長は徹底的な膺懲《ようちょう》を決意した。事件を聞いた宋哲元も事ここに至っては全面的な戦いを覚悟せざるを得なかった。

応援部隊は早朝までに郎坊に到着し、二十六日午前九時に戦いは終息した。

郎坊に二個大隊を派遣したとき、支那駐屯軍は、警備のため一個大隊を北京市内に送った。広部広少佐指揮する一個大隊は、午後二時、北京駅隣りの豊台駅に着いた。大隊はそこで車に乗り換え、広安門から北京城内に入ることになった。午後三時五十分、桜井徳太郎少佐が先行して広安門に向かうと、いつもと違って門は閉じられ、中国兵が警備についている。やがて、先行乗用車二輛、トラック二十四輛で広部大隊が門まで進んできて、桜井少佐が通過を求めた。いったん城門は開けられたけれど、再び閉められ、城壁の上にはあわただしく土嚢《どのう》が積まれだした。午後五時三十分を過ぎた頃、秦徳純市長と連絡が取れ、再び門は開けられることになった。

城門の守備兵は倍の百三十名ほどに増え、城壁の上に機銃がすえられ、城門は閉じたままであったが、午後七時、城門が開けられ、桜井少佐が城門の上から白旗を振り、広部部隊が城門に入りはじめた。乗用車二輛とトラック三輛が通過したとき、突然、城壁上から中国軍が銃撃を浴びせ、手榴弾を投げてきた。トラック十二輛は強行突破したものの、残りは阻まれて城門から後退した。

広部部隊は反撃し、中国守備兵は城壁にいた桜井少佐も狙いだす。桜井少佐を庇《かば》おうとした機関員が撃たれた。桜井少佐も左内股から外股へ拳銃弾の貫通銃創を受けた。茶碗大の肉片が飛び、白い大腿骨が見えるほどだった。それでも桜井少佐はそばにいた中国軍守備隊の大隊長に飛びつき、跳ね飛ばし、わずかの隙《すき》に城壁から飛び降りた。下はコンクリートの屋根で、そこに落ちた桜井少佐は右足首を骨折、バウンドして電線にひっかかり、地面に転落した。機関員は戦死したが、桜井少佐は一命を取りとめた。

二十七日午前二時二十分、城内に入った広部大隊は、警備する公使館区域に入り、城外の部隊は豊台に引き返すことになった。午前四時三十分ころ、桜井少佐が救出された。夜が開けるとともに、邦人の引き揚げが開始され、夕方までに二千余名が収容された。

午前一時、知らせを受けた参謀本部の石原部長は内地の三個師団の動員を決断した。盧溝橋で起こった小さな衝突は、解決の気配を見せながらもかなわず、ついに全面的な戦いとなったのである。

夕方、蔣介石から宋哲元に対して、北京を死守するよう命令が下った。

二十八日午前二時、支那駐屯軍は宋哲元に対して戦闘を通告、午前八時、北京城から南へ四キロメートルの南苑を攻撃しはじめた。南苑には、第三十八師と第百三十二師が駐屯している。午前十一時、日本軍は北京への退路を遮断、昼過ぎになると、第二十九軍副長と第百三十二師長は便衣に着替えて逃亡し、午後零時五十分ころ、日本軍と出会って戦死した。午後一時、日本軍は南苑を占領、中国軍の戦死者は五千人に達した。

宋哲元は、蔣介石の死守命令にもかかわらず、午後十時過ぎ、北京を放棄し、保定に向けて脱出し、永定河右岸の中国軍も撤退した。日本軍は北京をすべて押さえた。

退却に当たり宋哲元は、天津の第三十八師と通州の冀東保安隊に日本軍攻撃を命令した。命令を受けた天津と通州の中国軍が攻撃してきた。

天津では、二十九日午前二時過ぎ、第三十八師を中心とする五千人が支那駐屯軍司令部などを攻撃してきた。支那駐屯軍司令部は寡兵であったが防戦に努め、午後二時十五分になって日本軍機が中国軍の本拠地を爆撃し、翌日までに中国軍は潰走《かいそう》した。

通州の保安隊は、二十九日午前三時頃、通州の日本軍と邦人を襲いはじめた。三千人の中国保安隊に対して、日本軍は百十人。居留民を保護することもできず、三百八十五名の邦人のうち、二百二十三名が虐殺された。午後四時ころになり、日本軍機が通州を爆撃、保安隊は通州から撤退した。日本の救援部隊が到着したのは三十日朝だった。通州での中国保安隊による日本人虐殺の残虐さは、日本人の想像を絶するものがあった。

三十日までに、北京と天津一帯から中国軍は敗退し、日本軍にとって後は残敵の掃討だけとなった。

不拡大か一撃か

この間の陸軍内の動きを見ていこう。盧溝橋で起こった紛争にどう対処するかで日本の陸軍は割れた。

明治三十八年、日露戦争で日本は勝利を収めた。連合艦隊がロシアのバルチック艦隊を壊滅させ、陸軍も旅順と奉天で勝利を収めた。日露戦争が終わると、海軍にとってロシアは仮想敵国から消えたが、陸軍にとっては引き続きロシアは仮想敵国として残った。ロシアにとって陸軍は国外の満州で負けたにすぎない。第一回戦が終わっただけで、再び対決する日がやってくる。日本陸軍は誰もがそう考え、常に対露作戦が練られ、ロシア革命直後をのぞき、一旦緩急あればロシアと戦う準備が常になされていた。

昭和に入ると、革命後の混乱を抜けたソ連は急激に工業力をつけつつあった。日本は新しく誕生した満州国の育成に務めなければならない。

しかし、盧溝橋で起こった紛争について対処法が異なった。中国との紛争に目をつぶり、満州の育成と国内の工業力向上に集中し、ソ連に備えるべしという考えと、この際、侮日抗日の止まない中国を強く叩き、後顧の憂いをなくしたうえでソ連に当たるべし、とに分かれた。

陸軍の作戦は参謀本部第一（作戦）部の任務である。

石原莞爾第一部長のもとで第二課長を務めていた河辺虎四郎大佐は、石原部長に向かいこう述べている。

「現在日本軍の処理は石原少将に全責任がかかっています」

石原莞爾は、昭和十年八月に作戦課長に就任して以来、満州国の育成とソ連に備えた軍事力整備に力を注ぎ、それを成しとげるまではいかなる戦争にも紛争にも巻き込まれてはならないと考えていた。そういった考えの延長に、中国との関係を何とか調整し、北支での無益な紛争を回避する、という方針を導きだした。

七月八日午前五時五十四分、参謀本部に、

「事件が勃発し、交渉が始まった」

という電報がもたらされた。登庁した石原部長は部長会議を開き、不拡大と現地解決を方針とする考えを述べ、部長たちの意見も一致した。日本陸軍の方針は決まった。そしてこの方針は支那駐屯軍に打電された。

参謀本部第一部には、戦争指導を任務とする第二課と、作戦、編制、動員を扱う第三課がある。河辺虎四郎大佐と武藤章大佐がそれぞれ課長を務めていた。事件の発生を聞いた武藤章第三課長はこう述べた。

「面白いことが始まったネ」

明らかに石原部長ととらえ方が違っていた。

軍務局軍事課長の田中新一大佐も、事件の発生を聞くと、

「来るべきものがついに来た」

という感想を抱いた。日中の衝突を前もって予想していたのだろう。

陸軍の中で最も重要な二つの課の課長が石原部長と違う見方を持っていたのである。石原部長を不拡大派とすれば、武藤第三課長と田中軍事課長は、膺懲派あるいは一撃派といえよう。

石原部長に全面的に賛同する課長もいた。第一部第二課の課長河辺虎四郎大佐と、これも軍務局のもう一つの課である軍務課の課長柴山兼四郎大佐である。事件の発生を聞くと柴山課長は、

「厄介なことが起こったなあ……」

と述べ、武藤第三課長や田中軍事課長と違った感想を持った。

期せずして第一部と軍務局の中の二人の課長が割れたのだが、武藤第三課長と田中軍事課長は、士官学校の同期生で、個人的に親しい間柄だった。一方、河辺第二課長と柴山軍務課長も、これまた同期生で、親しい関係である。

翌九日早朝、第三課は北京・天津に限定して出兵するという「北支時局処理要綱」をまとめた。不拡大の方針のもとに、万一の場合、関東軍から二個旅団、朝鮮軍から一個師団、内地から三個師団を持っていくという案を作成したのである。万一の用兵だとしても、軍隊の派遣を念頭に置いている。徹底した不拡大を考えていた第二課はこの考えに反発した。

しかし要綱は独り歩きする。十日午前八時三十分、臨時閣議が開かれ、陸軍大臣が三個師団の派兵を提案したのを手始めに、動員をめぐる綱引きが続く。

参謀本部は四つの部からなり、第二部は情報を扱い、外国のさまざまな情報を集めて第一部に提供する。第一部はそれから必要と思われるものを汲《く》みとって作戦立案の際に参考とする。

当然、第二部の考え方は第一部に影響を与える。

当時の第二部長は渡久雄少将であったが、これも自宅で病臥中、まもなくして死去する。第二部は、欧米、ロシア、支那の三つの課に分かれていて、ロシア課長の笠原幸雄大佐が部長代理を務めていた。笠原幸雄大佐は中国に対して相当強硬な意見を持っていた。

ロシア課そのものは、

「早く支那を叩きつけてしまえば、ロシアの方は今のところ大丈夫だ。しかし長びいたときは、先のことはわからない」

という意見であった。

かかわりの深い支那課では、

「この際一撃を加えるべきだ」

との積極論が多かった。

つまり第二部のほとんどは一撃を与えるべきという考えで、第二部まで広げると、中国を叩いて解決をはかる一撃論が参謀本部で圧倒的となる。

ソ連がどう出るか、その見通しも第一部と第二部で検討されたが、先ほどのように第二部は、

「差し当たりソ連が対日参戦する可能性は少ない」

と判断を下していた。

第一部も、多くは同様な見方だったが、石原部長、河辺第二課長、第三課で対ソ作戦計画を担当していた井本熊男大尉は違っていた。

「全兵力を対ソにつぎ込んでも不足を感じる中から、対支戦に大兵力を割いたのでは、対ソ準備ができない。ソ連は、今出てこないといっても戦争が長びけばどうなるかわからない。極めて危険な綱渡りである」

と、危惧していた。

当時の世界の陸軍兵力を比べると、二百十万の中国が第一、百六十万のソ連が第二、この二国が飛び抜けていて、それに欧米と日本が続くが、二十五万の日本は第八位である。中国に対して武力を行使するとなれば、八倍以上の敵と戦うことになり、ソ連が加われば十九倍となる。日本は軍国主義下でものすごい兵力を擁していたのではと思われがちだが、当時の日本陸軍は、現在の陸上自衛隊の兵力の二倍もなかったのである。「軍事大国」には程遠かったのが実態だったかもしれない。

武藤第三課長は、もともと対支膺懲を考えていて、事件勃発と共に、「この機をとらえ北支に満州国との緩衝地帯を作ろう」という希望を抱くようになっていた。

田中軍事課長も、「事態に対処するには、北支における日本の兵力を増強し、状況に応じては機を失せず一撃を加える。そうすることによってのみ事態を収拾することができる」という考えに立った。

対して柴山軍務課長は「この際、領土的、もしくは満州国の拡張というような意見を持つべきでない」と田中課長の考えに反対した。

河辺虎四郎大佐が課長を務める第二課は、十日、万一武力解決を迫られるなら、思い切って十五個師団の大兵力を投入すべきだ、という案を提示した。戦費を計算すると財政破綻を招くほどだが、それくらいの覚悟でなければならないという提案だった。とても当時の日本には不可能であり、もし中国と戦うようになれば一撃での解決はあり得ないと第二課は予想していた。

同じ日、第三課は新たな情勢判断を行い、五個師団の増派が必要と結論づけた。

北支にいる支那駐屯軍はたった五千五百名、対して、中国の第二十九軍は七万五千名、さらに蒋介石の中央軍が北京方面に向かっているとの情報も入っている。この兵力では、交渉が決裂して中国側が攻撃に出れば、支那駐屯軍は苦境に陥り、居留民保護の任務が達成できなくなる。

この夜、石原部長は第三課の案に同意し、陸軍省と折衝の結果、関東軍の二個旅団と朝鮮軍の一個師団の応急動員派兵が決定された。

この決断を第二課員の稲田正純中佐は次のように回想している。

「石原部長が同意してしまったことは、石原部長の不拡大方針を根底から覆すことになり、その後の不拡大方針を実行不能に陥れた」

現地の支那駐屯軍も様々な見方を持っていた。

当初、病身の司令官に代わり参謀長の橋本群少将が代理を務め、作戦担当参謀は池田純久中佐が務めていた。

橋本参謀長は、中央の方針を受けると、それにそって不拡大の方針で交渉を進めた。

池田純久参謀は、こう考えていた。

「支那と戦ったら、これは泥田に足を踏み入れるようなもので、抜き差しならぬ破目に陥ろう。

そして世界戦争へ発展する危険が多分にある。これは決して日本のため喜ぶべきことでない」

中国側と交渉に当たっていた北京特務機関、大使館付武官、第二十九軍顧問らの中では北京特務機関長の松井太久郎大佐が中心的存在であった。松井大佐の考えも池田参謀と同じだった。

香月清司司令官は、

「わが軍において如何に拡大防止に努力するといえども、支那側において何ら反省する所がなければ、遂に自然拡大を免れない場面に到達しはしないかと恐れている次第である」

と武藤第三課長や田中軍事課長のような考えを持っていた。

東京同様、支那駐屯軍でも特務機関でも、不拡大派と一撃派に分かれていたのだ。

このように割れていた意見を一撃論に傾けたのは、本来ならかかわりのない関東軍や朝鮮軍からの意見であった。

関東軍は意見をまとめ、今村均参謀副長が参謀を連れて東京まで意見を述べに来た。参謀総長と陸軍大臣に対して今村副長はこう述べた。

「事変の根源を一掃するため、強硬なる態度で臨むべきである」

関東軍は、支那駐屯軍にもやってきて意見を述べた。関東軍参謀の辻政信少佐は池田純久中佐に、

「関東軍は山海関にある爆撃機をもって、盧溝橋付近の支那軍を爆撃します。私が先頭機に乗っていきます」

やってきた同じ参謀の田中隆吉中佐も強硬論を述べた。

十三日午後八時、北支事変処理方針が支那駐屯軍に示された。不拡大、現地解決の方針を堅持する、というものだ。しかし、不拡大といっても、すでに関東軍と朝鮮軍から派兵している。十五日、参謀本部第二部は改めて「必要な軍隊を派遣して解決すべき」との情勢判断を行った。十六日、同様な情勢判断を第三課も行う。

このような情勢判断が行われた時点で、蔣介石が中央軍を北支に向けて集結中と伝えられた。十七日になると、十九日まで解決しないときは内地師団を派遣するという訓令が支那駐屯軍に出された。

石原部長は内地師団の派兵に同意はしたものの現地解決を図りたいと願っていて、十九日、杉山陸軍大臣に直接意見を述べることにした。

「本年度陸軍可能兵力は三十師団であり、中国に使用し得る師団数は、如何に多く見積もっても十五師団を越えることはできない。これでは対支全面戦争は不可能である。

それのみではない。対支戦争の結果は、スペイン戦争におけるナポレオン軍同様、泥沼にはまり破滅の基となる危険が大である。

この際思いきって、北支にあるわが部隊全部を一挙山海関まで下げて、近衛首相自ら南京に飛び、蔣介石と膝詰め談判によって、日支問題の解決を図るべきだと思う」

同席していた陸軍次官の梅津美治郎中将が反論した。

「北支から全面撤退するというが、明治以来積み重ねた北支のわが権益は一体どうするのか。またこの場合満州国は安定するであろうか。

さらに近衛首相を南京に乗り込ませるというが、総理の意向は確かめてあるのか」

陸軍大臣杉山元大将は何も発言しないが、一撃が持論である。

陪席していた田中新一軍事課長は、石原部長と梅津次官のやりとりに対し、このような所見を持った。

「もし一切の動員派兵を拒否すれば、支那駐屯軍は山海関方面に後退する外なく、かくて石原流の不拡大主義に徹底することはできる。がしかし、それは単なる軍事問題ではなく、国策の問題である。

北支より日本の軍事力を撤退することは対支政策の総撤退であり、それは国策によってのみ決せられるべきものである。

五相会議がそれを決するならともかく、統帥部の一存で決しうべきものではない」

話し合いはそこで終わった。不拡大の方針はすでに通らなくなっていた。

このころ、石原部長と同じことを天津でやろうとした中佐がいる。支那駐屯軍の池田純久参謀は、不拡大を宋哲元と話し合っていたが、蔣介石と会って和平を説かなければと南京行きを希望し、橋本参謀長に意見具申した。香月司令官と橋本参謀長の協議の結果、

「池田君、きみの気持ちはよくわかるが、北支軍の参謀が直接蔣介石総統に会うことは、少々行きすぎだ。止めたがよかろう」

という結論になった。

十九日、蔣介石の「最後の関頭演説」が発表された。南京で行われていた外交交渉が決裂に

近いものとなったとの情報も入った。それを受け参謀本部第二部は改めて武力行使の決意を行うべきとの意見を出した。

翌二十日開かれた部長会議で、第二部長代理は武力行使の決意を主張、第三部長と第四部長も賛同した。ほかの三人の部長が同意見では石原第一部長も賛同せざるをえない。この日の閣議で、内地師団の動員準備が決定された。

それでも二十一日朝、現地から戻ってきた参謀本部総務部長の中島鉄蔵少将と柴山兼四郎軍務課長らから、現地は静穏で、解決の見込みが十分にあると報告され、この日の部長会議で内地部隊の出兵は見合わすことになった。

参謀第一部で部長と第三課長の意見が対立していたことは、陸軍の意見が真っ二つに割れていたことを象徴していた。石原部長と武藤第三課長の対立は二週間にも及び、日ごと深まっていた。石原莞爾少将が第一部長に就任したとき、河辺虎四郎大佐と武藤章大佐を第二課長と第三課長につけた。二人の能力を評価していたからである。

「仕事をさすなら武藤だ」

石原部長は部下たちにこう言っていた。

といって部長には、自分の意思を部下に押しつけたり、自分の意思を第一部の決定とする権限はない。武藤は武藤で自分の信念に従って行動した。

「きみがやめるか僕が辞めるか、どちらかだ」

二十二日朝、第一部長室から石原のこんな言葉も飛び出すほどとなった。

こうした中、二十五日、郎坊事件が起こり、二十六日に広安門事件と続き、日中衝突の事件がたて続けに起こった。

香月清司中将は、支那駐屯軍司令官として発令されたとき、参謀本部から不拡大の方針を示され、天津にやってくると参謀長と作戦参謀が不拡大の方針を堅持していたこともあり、自身の考えを強く出すことはなかったが、広安門事件が報告されると、烈火のごとく怒って即座に池田参謀を呼びつけ、

「これだけ支那軍から侮蔑《ぶべつ》されては、もう黙っておれない。一度支那を叩こうじゃないか」

「今にして支那軍を叩いておかねば、将来恐るべき事態が発生するぞ。

よし。きみが決心がつかねば、私の責任においてやる。きみは長いこと、不拡大主義で健闘してきた、苦しかったろう。ご苦労だった、少し休み給え」

こう言って、戦う姿勢を取った。

ほぼ同じ二十七日午前一時、広安門事件を聞いた石原部長も内地師団の派兵を決意した。不拡大は完全に破綻した。

部長会議で決まった不拡大の方針は二十日目で破綻したのだが、軍紀、軍律が基本の軍隊でなぜこのようなことが起こったのか。

陸軍では、課員にしても、課長にしても、上司を一つ越えて自分の意見を述べてよい慣習があった。

数年前から、陸軍では佐官級の発言力が増していた。上司を越えて意見を述べることとは違い、むしろ下克上の弊風も見られた。これが今回も各所に現れた。たとえば支那駐屯軍の参謀が中央部の幕僚を電話で呼びだし盛んに主戦論を煽る。停戦協定が調印する運びとなると、作戦課の一課員が「その調印を待ってくれ」と支那駐屯軍へ電話をかける。参謀本部第二部の指示を受けているはずの中・南支駐在武官が強硬論を述べてくる。部署の決定に従わない者がいたるところに現れていた。

また、議論が対立すると、積極論が制するという風潮が陸軍にあった。軍人は独断専行、積極果敢が要求され、そのような長年の教育によって、論争が起こると積極論に決まることが多かったのである。

このようないくつかの要素がからみあい、陸軍では組織としての上意下達が乱れた。

不拡大方針を述べていた石原部長は、次々と一撃論の主張を認めて、最後に内地師団の派兵を決断することになったが、こんなことから不拡大派も石原部長に不信感を持つようになった。

支那駐屯軍の池田純久参謀はこう述べている。

「軍中央部では、一方においては不拡大主義を堅持しながら、他方においては、内地師団を動員したり、その部隊を北支地区に派遣したり、まったく筋の通らぬことを実施し、いたずらに支那側を刺激するばかりであった。まったく首尾一貫せぬ支離滅裂な態度であった」

河辺虎四郎第二課長は石原部長に語気を強めて語った。

「部長は私に対しては、私の課の意見を全面的に入れるようにいわれながら、自室に帰られては、第三課の要請意見を大体そのまま取って、どんどん応急増兵や内地の動員準備を進めておられる。私は部長の真意がわからぬ」

第二課員の堀場一雄大尉はこう記している。

「事件の性格上、用兵上の危局並びに手際は犠牲とし、万事大局の見地より律することが必要である。しかるに石原部長の立場は困難であり、一方大方針として戦争指導課の不拡大に同意しつつ、一方積極論を内蔵する作戦課の用兵方略に追随しつつあった。すなわち二頭の馬を駆して、これを統一することに欠除していた」

堀場一雄大尉のいうように、

「参謀次長や参謀総長に傑物がいたならば、この禍《わざわい》を除去することが出来たであろう」

ということだったのか。

待ち受けていた中国軍

盧溝橋事件の五年前、すなわち昭和八年八月、宇都宮直賢大尉は駐在武官として北京に派遣され、紫禁城近くの東交民巷に住んだ。義和団の乱が起こったとき、北京のすべての大公使館は一定地域に集められ、区域はコンクリート壁で囲まれた。中国人の居住は認められず、大公使館を持つ国が区域の管理を行った。これが東交民巷とも、公使館区域ともいわれたところである。

宇都宮大尉は、この東交民巷に住んだ後、十一月に東交民巷を出て、ドイツ病院近くのマンションに移った。マンションには、少佐と尉官級のドイツ軍事顧問団員が家族とともに住んでいた。

駐在武官という職務上、宇都宮大尉は彼らの活動がどういうものかわかれば見つけものだと考えたけれど、英語で挨拶を交わすくらいで、彼らのドイツ語の談笑を理解することはできなかった。マンションには大学教授と称する三人の中国人もいたけれど、彼らは顧問団の通訳係と見受けられ、顧問団も日本人と親しくなることは禁じられていたように感じられた。

ドイツ軍事顧問団の動向をさぐることに失敗したのだが、このとき既にドイツ軍事顧問団は中国にやってきて七年目に入っていたのだ。

その後、宇都宮大尉は上海に移る。

昭和十二年夏、大山大尉が殺される事件が起こる直前、上海の武官室と調査班は、非武装地帯に中国軍が駐屯しているとの情報を入手、中国側に視察旅行を申し入れた。ドイツ軍事顧問団の活動は十一年目に入っていた。

宇都宮少佐は第三艦隊情報参謀、陸戦隊参謀、陸軍武官補佐官、海軍武官補佐官らと七、八台の車をつらねて視察に出かけた。公路の交差点や公路およびクリーク沿いの小高い堤防などには、守備隊は配置されていなかったが、頑丈なトーチカが点々と構築されており、命令一下直ちに中国兵が配備され堅固な防御陣地に早変わりすることは明瞭だった。陣地はドイツ軍事顧問団が国民政府の要請によって作りあげた防御配備に基づいて構築されていることがわかった。

既にこのとき、これまで練度の低かった中国軍は、大きな変身を遂げていた。彼らは、ドイツ製の鉄帽を被り、ドイツ製のモーゼルM98歩兵銃を手にしていた。同歩兵銃は、日本の口径6・5ミリの三八式歩兵銃と違って、7・92ミリもある。さらに、当時世界一といわれたチェコ製の軽機関銃も持っていた。火力においては日本軍をはるかに上回っていた。

ドイツ軍事顧問団の指導を受けた第三十六師、第八十七師、第八十八師、教導総隊などは中国軍の中でも屈指の精鋭部隊として評価されている。

また、大陸沿岸と揚子江岸には、ドイツ軍事顧問団の指導により、砲台が築かれ、上海から南京にかけてはヒンデンブルク・ラインと呼ばれるトーチカ群が構築されている。特に上海の郊外に作られたトーチカは、第一次世界大戦で塹壕《ざんごう》戦を経験したドイツ軍指導によるものだけに、計算しつくされたものだった。

第一次世界大戦を主戦場から遠く離れて戦った日本軍は、新たに生まれた飛行機と戦車と毒ガス兵器に後れを取っていただけでなく、塹壕戦でも研究が遅れていた。

蔣介石麾下《きか》の中国軍はすっかり自信をつけていた。

中国軍がどれほど変身したか、トーチカがどれほど堅固か、把握しきれないまま日本は上海での戦闘に入ろうとしていた。

◉第三章◉
上海の死闘

上海市街戦。閘北で中国軍のタンクを迎え撃つ陸戦隊

上海戦勃発

盧溝橋事件は夜明けとともに中国各地へ伝わった。さほどの犠牲者が出るほどのこともなく、話し合いが続けられたためか、当初はおおむね平静に受け取られたが、一週間ほどすると、蔣介石の意向を反映して、過激な論調の新聞が多くなり、それと共に、中国各地に居住している邦人の安全が心配されるようになった。

最も早かったのは南京で、七月十四日、町を歩いていた邦人が罵倒《ばとう》され、夜間外出が禁止となった。南京の波止場に砲艦「栂《つが》」が停泊していたところ、二十日頃から、中国軍機が上空に飛来し、二十三日には、高度五百メートル直上を通過したり、急降下して艦橋右舷至近を通過し、威嚇したりした。山東省方面には二万人近くの在留邦人がいたが、十八日頃、青島まで引き揚げてくる居留民が現れ出した。

新聞記事や噂に煽《あお》られ、中国での反日気運は次第に高まり、日本人との取引や商売は途絶えがちになり、日本人に仕える中国人が迫害される。こうして居留民全体の引き揚げも検討されるようになった。

北京で全面的な戦いが起こると、引き揚げは具体的になった。

居留民の多くは揚子江沿岸に住んでいて、最も奥地の重慶では「発令後十時間で引き揚げができるように」との指示が二十一日に出された。重慶から上海までのほぼ中間にあたる漢口に戻れば租界があり、三百人の上海特別陸戦隊漢口分遣隊が守っていて、とりあえず安心である。

八月一日になると重慶の居留民は全員漢口を目指して引き揚げることになった。同じ日、重慶の下流にある宜昌と沙《さ》市でも漢口に向けて引き揚げが始まる。支流にある長沙では、五日になり漢口に向けて邦人が出発した。

漢口では、引き揚げることにより、却って中国を刺激することになると、引き揚げは延ばされていたが、七月下旬に引き揚げる人が現れ、八月六日には租界の周囲を土嚢で囲まなければならないほど危険な状態になった。漢口まで下りてきた邦人は、そのような漢口に上陸することもできず、そのまま上海に向かった。七日、それまで残っていた漢口の居留民はすべて引き揚げ、特別陸戦隊も八日未明に上海に発つこととなった。

漢口からの引き揚げに押されるように、下流にある九江では、七日夜遅く上海に向けて引き揚げが始まった。さらに下流の蕪湖では六日まで婦女子が全員引き揚げ、七日、残る邦人も引き揚げた。南京でも、順次引き揚げ、八日までにおおむね引き揚げが完了した。

こうして最後の船が上海に到着した九日午後一時、上海に引き揚げてきた邦人は三万人近くに及んだ。

居留民を送りだした後も外交官は残っていたが、彼らももはや残る意味がなくなり、十一日午後四時、漢口の総領事代理らは漢口を出発、途中南京に寄り、十二日午後七時、南京に残っていた参事官らも加わって上海に向かった。しかし、江陰まで行ったところで、機雷などのため進めず南京へ戻らざるを得なかった。南京に戻った一行は、十五日、陸路青島を目指すことになった。

上海には多くの外国人が住んでいた。彼らのための租界があり、イギリス、アメリカ、イタリア、日本などの共同租界と、フランス租界とに分かれていた。共同租界の運営は、イギリスを中心とした各国の代表によって行われ、各国の軍隊や警察が治安維持に当たっていた。二十世紀に入ると日本の紡績会社が上海に進出し、多くの紡績工場を持つようになり、中国の紡績の四割を占めるようになった。上海に住む外国人で最も多いのは日本人で、三万人近くが住んでいた。

日本人が住んでいたのは、蘇州河から北の租界地域である。虹口《ホンキュウ》と呼ばれ、そこには日本人学校があり、神社があり、寺院もある。虹口に接する中国人街は閘北《ザホク》と呼ばれ、ここにも日本人は住んでいた。虹口と閘北一帯は俗に日本租界と呼ばれていた（地図②参照）。

北京や天津と違って、上海の邦人を守るのは海軍の第三艦隊で、二千二百人の上海特別陸戦隊が上海に駐屯していた。

第一次上海事変の後、中国軍は上海中心地への駐留が禁止され、三千三百人ほどの保安隊だけが認められていた。しかし、先制攻撃が勝利への唯一の道と考えている中国軍は、七月下旬から、保安隊や憲兵隊に変装した兵隊を閘北に入りこませ、一帯には土嚢を積み、戦闘準備を着々と進めた。

八月に入ると、自国の保安隊の動きに不安を煽られた中国人が蘇州河を渡ってイギリス人やアメリカ人の住む共同租界に移りだす。共同租界に向かう道路は黄包車《ワンポーツ》（人力車）に家財を満載した中国人で一杯になり、その数は一日二万人とも五万人ともいわれた。

上海市街を流れる黄浦江《こうほこう》の、匯山碼頭《わいざんまとう》から楊樹浦《ヤンジュッポ》にかけ、日本の商社や紡績工場が立ち並び、その関係者たちを中心に二万数千の邦人が上海に残っていた。婦女子は日本に引き揚げ、残っている邦人も蘇州河を越えた共同租界に移りはじめる。奥地から引き揚げてきた邦人も、上海にとどまることができず、そのまま日本に向かわざるをえない。

最後の船が上海へ引き揚げてきた九日の夕方、上海特別陸戦隊の大山勇夫海軍中尉が上海西部の虹橋飛行場近くの路上で射殺される事件が起こった。同行していた斎藤要蔵一等水兵も、同様に殺害された。

上海は一触即発になった。日本は、上海市長や六か国からなる停戦協定共同委員会に、事件について中国が陳謝することと、停戦協定を守るよう求めるが、何も決まらない。戦いを決意している中国はもちろん謝罪するつもりはない。京滬《けいこ》警備司令の張治中中将は、先制攻撃によって、日本の陸戦隊を攻め、壊滅させるつもりでいる。

日本軍の方は、中国軍の航空基地を攻撃し、制空権を得て奇襲攻撃によって地上軍を叩く、という作戦を考えていた。

しかし、不拡大方針を取っている日本軍から攻撃する道は取れない。といって、いまの陸戦隊だけでは邦人の安全がおぼつかない。

十日午後二時三十分、呉と佐世保から特別陸戦隊の応援部隊が送られることになり、十一日午後十一時に上海に到着した。

十一日、上海から南京と杭州に向かう鉄道が中国側により民間の使用禁止となり、中国軍の軍隊輸送のためだけに使われだした。双方の発着駅の上海北駅は共同租界に近い閘北にある。送られてきた中国軍は、夜半、上海北駅のひとつ手前で降り、トラックに乗り換えて日本租界へ向かった。

八月十二日朝、第八十八師が虹口《ホンキュウ》近くに進出して土嚢を築きだした。中国保安隊も午前には上海北駅まで進出し、第八十八師と併せて約二万人が配属されることになった。江湾鎮、市政府方面にも第八十七師の一万人が配備され、日本側の虹口は包囲される形となった。さらに中国軍は、日本軍の上陸に備えて揚子江岸の呉淞鎮《ウースンチン》と宝山にも千名ほど配置した。

対する日本は、上海特別陸戦隊二千二百、漢口から引き揚げてきた特別陸戦隊三百、呉と佐世保から送られた特別陸戦隊千二百、出雲の陸戦隊二百人ほか三百二十名の合計四千余り。

中国保安隊は通行人の検問を始め、バスの運行も止める。やがて中国軍は協定違反を承知で堂々と上海北駅から下車しはじめる。十二時三十分ころ、その様子を視察中の日本の憲兵が捕まって行方不明となった。

日本領事館は、北四川路、施高塔路、狄思威路《デキシイロ》に住む邦人に、虹口にある中部小学校に避難するよう連絡し、入りきれない人たちは歌舞伎座、旅館、東西本願寺に避難する。

午後二時、保安隊に殺害された大山大尉ら二人の合同慰霊祭が海軍陸戦隊本部で行われた。

午後五時五十分、日本海軍の第三艦隊が軍令部に電報を打った。

「陸軍派兵を要請する」

8月13日　八字橋付近で中国軍に反撃する陸戦隊

午後七時、邦人保護のため、陸戦隊が要所に非常配備された。虹口からは人が消え、夜と共に日本人街は暗黒となる。北四川路沿いに住む日本人に改めて共同租界への引き揚げが命ぜられた。

午後八時四十分、電報が東京から返ってきた。

「動員が下令されても到着するまで二週間かかる。なるべく戦闘正面を拡大しないように」

東京では、十日に海軍大臣が陸軍派兵の準備を要請し、十二日夜の四相会議で派兵決定を要求、十三日午前九時、閣議で派兵が決定された。

張治中司令は、十三日の払暁に攻撃しようとしていたが、蔣介石から待つよう命令が来て攻撃をとどまった。蔣介石は国際関係を見ていたのである。

午前十時三十分、商務印書館付近の中国保安隊が日本の特別陸戦隊に機銃掃射を浴びせてきた。戦闘正面を拡大しないようにとの東京の方針に従い、特別陸戦隊は応戦を避けた。午後四時五十四分、今度は八字橋から中国軍が急襲してきた。爆破をともなう本格的なもので、日本軍もこれには応戦せざるをえない。

「全軍戦闘配置につけ」

昭和十二（一九三七）年八月十三日午後五時、特別陸戦隊に命令が下った。

上海で戦闘が始まった知らせは直ちに東京に届き、十四日夕方、名古屋第三師団と善通寺第十一師団に動員命令が下った。十五日、帝国政府声明が発表された。

「日本政府は、これまで不拡大を方針としてきたが、居留民の生命財産が危殆《きたい》に陥るに及び、反省を促すため断固たる措置を取らざるを得なくなった」

蔣介石から張治中司令に攻撃命令が来たのは十四日早朝だった。既に戦いは始まっていた。十五日、中国は総動員令を下令するとともに、蔣介石が陸海軍総司令に就任した。

邦人を守りきった大健闘（海軍陸戦隊）

日本人の居留している虹口《ホンキュウ》から閘北《ザホク》にかけて大通りが走る。誰もが知っている北四川路で、その北四川路が北に延びて行き止まり、直角に曲がる先に、コンクリート製の、見るからに堅固な建物がある。高さも大きさも抜きんでていて、ひときわ目立つ。この四階建ての建物が上海海軍特別陸戦隊本部だ。大河内伝七少将を司令官とする司令部があり、隊員が寝泊まりする場所でもある。

上海は、一万数千年にわたって揚子江が運んできた土砂が堆積《たいせき》してできた土地で、そのため海抜は低く、大小さまざまなクリーク（水路）が流れている。虹口から閘北にかけて最も長いのが虹口クリークで、虹口クリークはいたるところで通りと交差し、北四川路にかかる橋が横浜橋、水電路にかかる橋が八字橋である。横浜橋は五、六メートル、それほど長いものではない。

租界には、イギリスはじめ各国の軍隊が駐屯し、黄浦江にはそれぞれの艦隊が遊弋《ゆうよく》している。日本軍も中国軍も租界を犯すわけにいかず、戦うとなれば、租界の外で戦わねばならない。

蘇州河を越えた虹口地区は、日本人の居留民が多いことから、日本軍だけが警備にあたっていた。戦場は、必然的に、虹口とそこに隣接する閘北とになる。

十三日午後四時五十四分、中国軍は、前もって八字橋付近に埋設していた地雷を一斉に爆発させた。それを合図に第八十八師が、山砲の援護射撃のもと、八字橋地区の守りについている特別陸戦隊を攻めてきた。攻めたのは第八十八師のうち約二千。ドイツ軍事顧問団の訓練を受け、ドイツ製などの最新の武器を持ち、攻撃力は蔣介石直系軍の中でも際立っている。攻撃を受けた特別陸戦隊は約二百、中国軍の十分の一という、はるかな劣勢である。

八字橋の周りに並ぶ家屋は、数日前から中国人も邦人もいなくなっていた。特別陸戦隊は、建物を盾に八字橋の陣地を死守し、それと共に迫撃砲で西八字橋の中国軍陣地を攻撃し、中国軍が南から包囲する動きを取ると装甲車で反撃した。ちょうど上海の沖を台風が北上していた。

その強い風を利用して家屋を焼き打ちし、午後五時三十分、第八十八師を撃退した。

中国軍は、八字橋地区の日本軍左翼に対してもほぼ同じ兵力で攻撃してきた。ここも第八十八師の一部、約二千。中国軍陣地は、ドイツ軍事顧問団の指導により民家をトーチカに作りかえたもので、ここを拠点に出撃してくる。包囲しようと南下する中国軍に対して、特別陸戦隊は、機先を制して焼き打ちし、戦車とともに虹口クリークを渡って反撃、午後八時にこちらも第八十八師を撃退した。

やがて八字橋の中国軍は、北へ迂回《うかい》して包囲する形を取ったため、再び激しい戦いとなった。第八十八師は、北京や天津の中国軍と違い、統率がとれていて簡単にはあきらめない。午後十一時まで戦いが続き、五時間ほど戦って、ようやく特別陸戦隊は第八十八師を撃退した。

市街戦では、兵力が優勢でも、必ずしも有利とは限らない。狭い道路は大軍が大挙して進むことができず、双方の戦う人数は限られてくる。守るほうは、たとえ一つの建物が突破されても、次の建物に移って抵抗できる。戦いは長びき、防衛しているうちに増援部隊を送ればよい。

翌十四日は午後五時頃から、砲撃に続いて中国軍の攻勢が始まった。日本人墓地を守備していた一分隊は、多数の敵に包囲され、非戦闘員まで手榴弾を持った白兵戦となったが、午後八時三十分に増援部隊が来て、夜半になって中国軍を撃退した。

翌日以降も、八字橋を中心に中国軍の夜襲が繰り返され、「特別陸戦隊が危ない」という噂がしばしば邦人の間に流れた。中国軍の攻撃は十九日まで断続的に続き、度々日本軍が突破される危機に直面したけれど、何とか持ちこたえた。

十五日夕方、まだ引き揚げずにいた邦人のうち、千五百人の婦女子が、暴風雨の中、郵船碼頭に集まり、十六日、日本に向かった。引き揚げは二十一日まで続けられ、多くの婦女子は上海を離れることができた。

十七日には砲撃や爆撃によって邦人十八名が死傷し、もし警備線が破られるなら通州事件の大虐殺が上海で再現されるかもしれないとの恐れから、残っている一人ひとりの邦人に警備が付けられ、碼頭の汽船やブロードウェイマンションにも避難した。それでも、八百名の婦女子が残って特別陸戦隊への炊き出しに従事した。残った男子は、土嚢作りを手伝い、のべ五万個も作った。

八字橋から北寄りの広中路を中心に守備についていた特別陸戦隊は、十四日午前三時から激しい攻撃を受けた。中国軍は、日本軍の陣地を突破して陸戦隊本部への突入を目指している。兵力で劣る日本軍は、守備についている部隊が応戦する間、予備隊から迅速に増援が加わった。午後七時四十五分になると中国軍は総攻撃を開始し、さらに激しい戦いとなった。激戦四時間の末、またも何とか日本軍は中国軍を押し戻すことに成功した。

この北部地区は、翌日以降、八字橋以上の激しい市街戦となり、十五日、十六日と白兵戦がいたる所で繰り広げられた。十六日には午前一時から中国軍が大挙して陸戦隊本部を目指して押し寄せ、日本軍は戦車と装甲車を送って防衛した。日本軍は何度か危機に陥ったが、ここでも増援部隊が間に合い、何とか守り通した。このときの戦いは一晩中続き、午前六時になると中国軍の陣地から総攻撃の信号弾が打ち上げられ、さらに激しい戦闘となった。白兵戦が繰り返され、日本の中隊長が犠牲となったが、ここも増援部隊を送って何とか中国軍の進撃をくい止めた。上海の市街戦で最も激しい戦いが繰り広げられたのは北部地区だった。

八字橋と北部地区の戦いで、日本側は百六名の戦死者、三百三十七名の戦傷者を出したが、中国側には戦死六百、戦傷三千の損害を与えていた。

蘇州河を越えた租界は、たまに中国軍による誤爆があり、また中国人街から流れ込んでくる中国人でごったがえしていたけれど、戦いが始まっても、治安は保たれ、日常生活はそれまでと変わらず、深夜までネオンが輝いていた。

戦いが始まってまもなく、北四川路は閉鎖され、虹口から蘇州河を越えるのはガーデンブリッジのみとなった。日中が死闘をくり広げている隣の共同租界はまったくの別世界だった。ビルの屋上に上がれば、蘇州河の向こうで日本軍と中国軍が戦っている様子が見える。酒を飲みながら激戦を見る人々が大勢いて、

「リングサイドでボクシングの試合を見ているようだ」

と表現された。

海軍特別陸戦隊は、陸戦隊本部を取りまくように、閘北から虹口にかけて配備されていたが、このほか、楊樹浦と呼ばれて黄浦江に沿って東に延びる共同租界にも東部警備部隊が配置されていた。共同租界ではあるけれど、日本の軍隊と警察しか配置されておらず、当然のようにここも激戦場となった。

東部地区には、五百人の居留民が公大《クンダ》飛行場の整地をしていた十三日夕方、中国軍が進攻し

てきたが、日本軍は一個小隊を派遣して反撃、翌朝には山砲によって中国軍を撃退していた。十七日午前八時、中国軍は再び攻撃してきた。中国軍は共同租界まで入り込み、激戦が続いて日本軍は中隊長が戦死するなど大苦戦となったが、夕方になって撃退した。翌日、日本軍は戦線を縮小し、部隊を集結した上で日本軍から進撃し、夕方までに中国軍を租界の外へ駆逐した。日本軍は戦死九名、戦傷十三名の損害を受けたけれど、中国側に一個中隊以上の戦死傷の損害を与えた。

日本軍は、予備隊からの増援によってかろうじて陣地を守るけれど、兵力からいって中国軍の陣地へ進攻するまでに至らない。また、中国軍の攻撃は夜半から始まり、常に守備に着かざるをえない日本軍はほとんど睡眠が取れない。日が経つにつれ、損耗と疲労が重なって戦力は落ち、増援の予備部隊も手薄になってきた。

第八十八師、第八十七師の二個師で攻撃をはじめた中国軍は、十五日になると、さらに第十五師、第百十八師が加わり、十七日に西安から戻ってきた第三十六師も参戦、なんと七万余りとなる。後方には、弾薬や食糧を運び、陣地を補強する多数の市民がいる。

戦線を維持するのがきわめて困難と判断した第三艦隊は、十六日、軍令部に対して電報を打った。

「今後一週間にわたって維持するのは極めて困難、一日も早く二個大隊程度の特別陸戦隊と、動員の陸軍とは別に至急一個連隊を派遣してほしい」

軍令部は、佐世保の特別陸戦隊二個大隊千名、横須賀と呉の特別陸戦隊の千四百名、合計二千四百名を送ることを決め、横須賀と呉の特別陸戦隊は十八日朝、佐世保の特別陸戦隊は十九日夜、上海に到着した。

佐世保の二個大隊は、一個大隊が東部地区に配属され、一個大隊が予備隊となった。横須賀と呉の特別陸戦隊も東部地区に配属され、公大飛行場から楊樹浦にかけて戦力が強化された。これまでの陸戦隊と合わせて約六千三百名となった。

北部の攻撃で失敗した中国軍は、十九日夕方、日本軍を分断しようと南下して、日本軍東部地区の左翼へ攻勢をかけ、さらに公平路からも黄浦江をめざしてきた。

このときはかろうじて撃退したが、中国軍は二十日午後から戦車と爆撃機の援護のもと、再び公平路方面から攻勢をかけてきた。攻撃は七時間に及び、日本軍は苦戦に陥り、一時、中国軍は、

「波止場を占領した」

と発表したほどだったが、日本軍も戦車と速射砲の増援を得て、二十一日朝には中国軍を退けた。

二十二日未明、中国軍はさらに戦車とともに大挙して攻勢に打って出て、日本軍の陣地が一部突破されてしまった。日本軍は必死に応戦し、夜明けと共に中国軍の攻勢も止んだ。

中国軍が上海で勝利するには、日本の陸軍部隊が上陸してくる前に、特別陸戦隊を殲滅するか、黄浦江に追い落とすかであり、それが張治中司令の悲願でもある。中国側からすれば決定的な勝利を得ないうちに、日本陸軍の上陸が間近に予想されるようになった。

二十二日夜、中国軍は各戦線で攻撃を行った。東部地区では、午後十一時から激しい攻撃が始まり、二十三日昼には、日本軍陣地が一部突破された。しかし、またも日本軍はかろうじて踏みとどまった。北部地区では、二十三日午前零時十五分、三時間にわたる反復猛攻が行われた。しかし、ここでも陸戦隊の勇戦により中国軍を潰走させた。

日本の陸軍が上陸するまでの期間はたちまち過ぎてしまった。

十倍ほどの精鋭を相手に、特別陸戦隊はなんとか戦い抜いた。

「緒戦の一週目、全力で上海の敵軍を消滅することができなかった」

後日、こう蔣介石は悔やんだ。

二十三日未明、日本側が待ち望んだ陸軍部隊が呉淞《ウースン》鉄道桟橋に上陸しはじめた。

二十四日、東部地区の特別陸戦隊は、中国軍の侵入を許していたが、陸軍の上陸を成功させ、公大飛行場の安全を確保するため攻勢に転じ、中国側を押し戻し、租界の境界線まで進出した。

上海派遣軍の上陸と共に中国軍の攻撃目標はこれら陸軍の部隊に移さざるを得ず、二十五日以降、中国軍が特別陸戦隊の正面でそれまでのような積極的攻勢に出てくることはなくなった。特別陸戦隊は大損害を出しながらも、中国軍とドイツ顧問団の望みに反して、邦人と租界の日本側の拠点を、それこそ文字通り死守したのだ。

第三師団の呉淞鉄道桟橋上陸

日本の夏はむし暑い。昭和十二年の八月十四日もうだるような一日だった。冷房装置はまだ日本になく、日曜日だったこの日を誰もがぐったり過ごした。夕方になり、名古屋第三師団と四国善通寺第十一師団に動員命令が下った。動員命令はいつもそうだけれど、このときも突然やってきた。

翌日、上海派遣軍の編組と任務について命令が下った。

邦人を上海海軍特別陸戦隊が守っているけれど、防衛線はいつ中国軍によって破綻させられるかしれない。

「上海派遣軍司令官は、海軍と協力して、上海付近の敵を掃滅し、上海並びにその北方地区の要線を占領し、帝国臣民を保護すべし」

上海派遣軍の任務は、上海に行き、邦人の安全を確保する、というきわめて限定的なものである。編組というから一時的な派兵でもあった。

司令官には松井石根《いわね》大将が任命された。

両師団はただちに動員作業に入った。一刻も早く上海に向かうため、とりあえず現役兵と一部の応召兵だけが送られることになった。海軍では、巡洋艦や駆逐艦へ乗船地に向かうよう命令が下った。軍艦が輸送船の代わりをすることは希有なことである。

「敵艦と戦うため常日頃訓練をしている。輸送は任務でない」

などと言ってはいられなかった。

二つの師団ではあわただしく弾薬や馬が手当され、応召兵には、軍服からはじまって二百発の小銃弾まで、一人当たり三十キロにも及ぶ被服兵器が支給され、猛暑の中、不眠不休に近い動員作業が続けられた。

十八日、応急動員が完了した。第十一師団ではすべて応急動員となり、第三師団でも名古屋歩兵第六連隊と岐阜歩兵第六十八連隊が応急動員となった。静岡歩兵第三十四連隊と豊橋歩兵第十八連隊だけが本動員となって、動員が完了してから追うことになった。

軍装検査と、営内神社での必勝祈願があわただしく行われ、十九日、名古屋歩兵第六連隊が熱田から上海に向かった。翌日、岐阜歩兵第六十八連隊も同じように熱田から向かった。第十一師団は二十日に多度津から上海に向かった。

軍艦は速度をはやめ、二十一日深夜から二十二日未明にかけ、上海から百キロメートル沖合の馬鞍《ばあん》群島に到着した。そこではじめて、第三師団は呉淞《ウースン》に、第十一師団は少し北方の川沙口《せんさこう》に上陸することを知らされた。

上海は、中心をなすのが租界で、租界の南側に南市、北側に閘北《ザホク》という中国人街がある。郊外には市街地に数倍する田畑が広がる。それら郊外には、北から南にかけて羅店鎮《らてんちん》、頤家宅《いかたく》、大場鎮《だいじょうちん》、竜華といった陣地が、西から東に南翔、大場鎮、江湾鎮といった陣地がドイツ顧問団の指導のもと作られていた。呉淞と川沙口に上陸する師団の目標は、上陸地点から南西へ向かってこれら陣地を攻撃し、そこに拠《よ》る中国軍の主力を掃滅することである。

第三師団が上陸する呉淞は、黄浦江が揚子江に流れこむ地点にあり、呉淞鉄道桟橋、呉淞鎮、呉淞砲台、と続く。呉淞鉄道桟橋は、合流点から五キロメートルほど溯った黄浦江左岸にあり、上海に次ぐ港湾として開発され、千メートルほどの石垣の護岸からは大小様々な桟橋が突きでている。

五年前の第一次上海事変のとき、日本軍はこの呉淞桟橋から上陸し、今回も、最初に上陸掩《えん》護《ご》隊が先に上陸し、名古屋歩兵第六連隊と岐阜歩兵第六十八連隊が続くことになった。

上陸掩護部隊として、上海東部地区で戦っている横須賀鎮守府第一特別陸戦隊が当たることになり、二十二日同隊は午後十時三十分に上海市街地から輸送船に乗った。その横須賀鎮守府第一特別陸戦隊を陸軍の岐阜第六十八連隊第五中隊が支援することになった。

岐阜歩兵第六十八連隊第五中隊は、松井上海派遣軍司令官とともに巡洋艦「足柄」に乗り、馬鞍群島で待機していたが、二十二日夕方、輸送船に乗りかえ、呉淞鉄道桟橋を右手に見ながら黄浦江を溯《そ》航《こう》した。上陸掩護部隊に続く名古屋歩兵第六連隊第一大隊も同様に溯航し、午後十一時三十分、黄浦江上流で特別陸戦隊と合流した。上陸地点を通過して溯航したのは、あたかも上海から上陸するかのように見せるためである。

黄浦江の河幅は五〇〇~六〇〇メートルで、日本軍の動きは河岸の中国軍からまる見えで、射程距離内でもある。日本軍上陸の動きを察知した中国軍は、午後になり、日本軍の軍艦に銃砲撃を加えてきた。日本軍はそれに銃砲撃で応え、応えるだけでなく上陸地点へも砲撃し、海軍機は上陸地点付近を爆撃した。

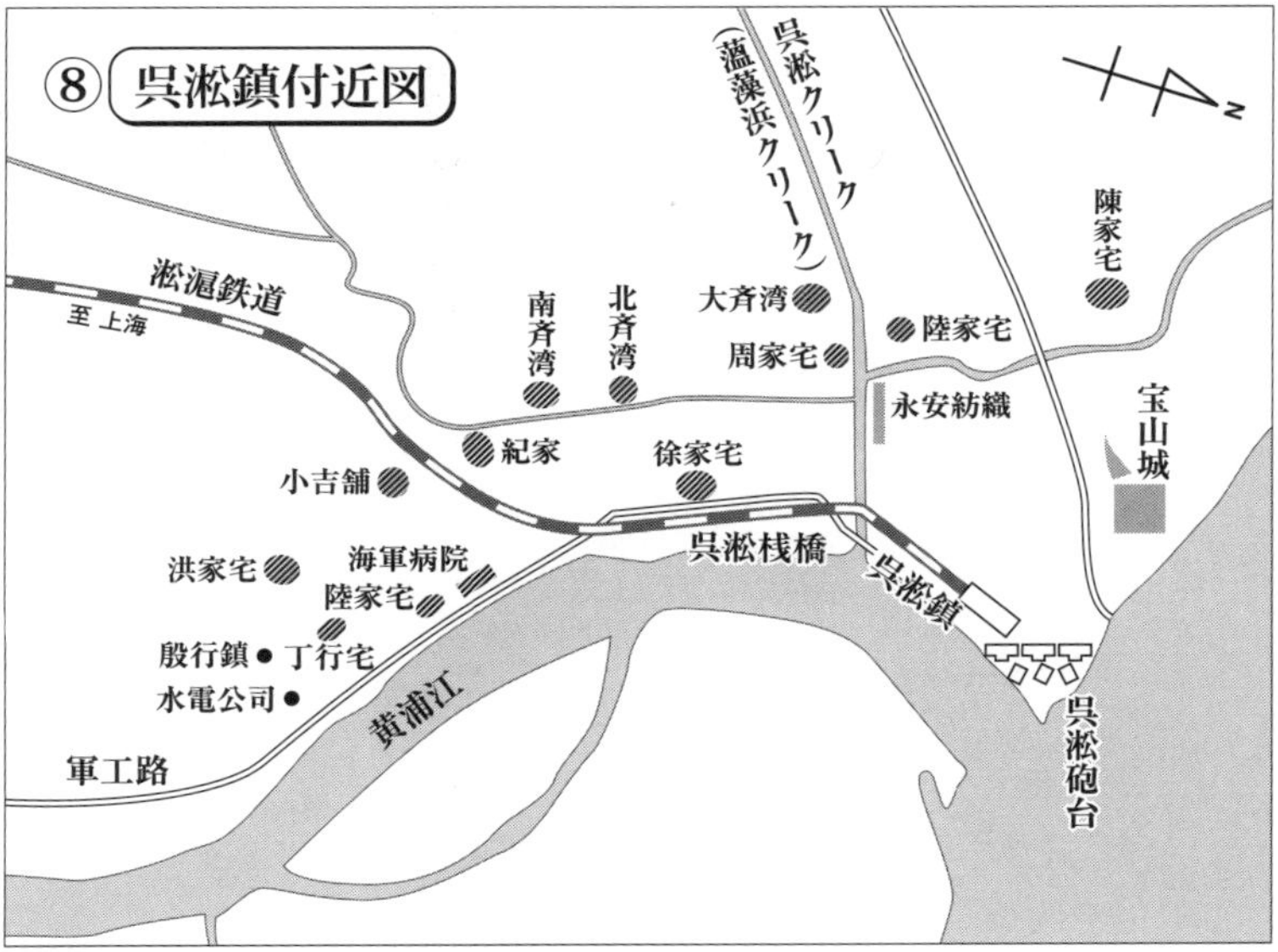

二十三日午前零時、馬鞍群島で待機していた松井石根司令官は、巡洋艦「由良」に乗り換え、呉淞砲台前まで進んだ。

潮が満ちてきた。上陸には格好である。八月二十三日零時三十分、黄浦江上流で待機していた上陸掩護部隊は、駆逐艦を先頭に一斉に上海を発ち、呉淞鉄道桟橋へ向かった。

午前二時十五分、上陸地点が近くなると、先頭の駆逐艦が艦砲射撃を始めた。海軍機は上陸地点を爆撃する。二時四十五分から三時にかけ、三隻の輸送船が次々と橋脚だけしか残っていない岸壁に横づけした。

呉淞鉄道桟橋は、起重機やドック、倉庫や工場があり、構外とはトタン塀で仕切られている。トタン塀の外を、呉淞と上海を結ぶ淞滬《しょうこ》鉄道が走り、引き込み線が桟橋まで延びている。鉄道のさらに外にはこれも呉淞と上海を結ぶ軍工路が並行して走っている。

一帯は、五年前に上陸したときとまるっきり様相が違っていた。黄浦江には機雷が敷設され、江岸には水際鉄条網、岸壁には地雷と竹矢来。その上、岸壁に積んだ土嚢と、構内にある建物と、軍工路の先の塹壕の陰で、中国軍が日本軍を待ちうけていた。

輸送船が接岸すると同時に、中国軍の機関銃が集中し、上陸する前から犠牲者が続出した。軍工路の先、上流の水産学校、下流の呉淞砲台からは砲撃も来る。

接岸と同時に特別陸戦隊と岐阜第六十八連隊第五中隊が上陸する。竹下宣豊少佐が指揮する横須賀鎮守府第一特別陸戦隊は約五百人、岐阜第六十八連隊第五中隊は機銃、工兵各一個小隊とで約百六十八人、合わせて約六百七十人。

上陸掩護部隊は共に銃剣を手に、海軍陸戦隊は白タスキをかけた。第五中隊は、乗った船がはしけ船を喪失したため、黄浦江に飛び込んで上陸した。

上陸すると、地雷が日本軍の進撃を阻んだ。

発光弾が打ち上げられ、砲弾が炸裂《さくれつ》するたびに、日本軍が暗闇に浮かびあがって中国軍にその姿をさらけだす。そこに中国軍からの銃弾が集中する。

「担架兵！」

早くも担架隊を呼ぶ声が各所から上がる。怒声や悲鳴が飛び交う予想もしない厳しい戦いとなった。

日本の駆逐艦も水産学校や呉淞砲台に向け照射砲撃し、一帯は双方の銃砲撃で騒然となり、轟音は止むことなく響いた。

陸戦隊は左翼、第五中隊は右翼となって進んだ。日本軍が銃剣を手に斬りこむと、中国軍は手榴弾で応じた。

上陸掩護部隊が上陸して三十分ほどで、名古屋第六連隊第三大隊が上陸した。地雷の犠牲は少なくなったが、上陸点に集中する中国軍の銃砲撃に変わりはなかった。

白兵戦は、さらに二時間以上も続いた。中国軍も、一つの散兵壕で十数人全員が枕を並べて戦死するほど果敢に戦った。

午前五時四十分、とうとう上陸掩護部隊は鉄道桟橋を確保した。

午前六時になり、名古屋歩兵第六連隊の第一大隊と第二大隊も上陸した。多くの犠牲者を出しながらも、とりあえずは橋頭堡を確保することには成功した。

呉淞《ウースン》も、揚子江が長年にわたって運んできた土砂からなり、そのため丘陵はなく、低地が続く。田圃と棉畑を中心とした畑には、ところどころ部落と竹林があるだけである。その間をクリークが縦横に走る。海に土砂が堆積してできたから、クリークは無数にあり、どこかで海につながって、潮の満ち引きで流れが変わる。クリークの川幅は、大きいもので数十メートル、小さいものは三、四メートル、中には歩いて渡れるものもある。

家屋は小さい部落をなしている。部落はクリークで区切られるように点在する。クリークに区切られるというより、島がいくつもあるといった方がよい感じである。どの部落も一族からなり、本家に当たる大きい家を中心に、周りを小さい家が取り囲む。一族の姓を取って、張なら張家宅《ちょうかたく》、周なら周家宅と呼ばれる。宅のほか浜や橋がついて王家浜《おうかひん》や陸家橋《りくかきょう》と呼ばれることもある。

鉄道桟橋の外側の軍工路の先は、住民が去って誰もいない。家屋は土を練った煉瓦壁の平屋建てが多いが、空き家となった家屋は、そのまま掩蔽壕としたり、壁を利用して壕に作り替えられている。掩蔽壕には死角が生じないように何か所も銃眼が穿《うが》たれている。その前のクリークには、有刺鉄線が施され、中には地雷が埋設されている。部落が一つの要塞とされているのだ。しばらく前から、軍の命令で、軍と住民が協力して作ったものだ。

呉淞鉄道桟橋を確保した日本軍は、午前七時三十分、名古屋歩兵第六連隊がそれらの陣地に向かって攻撃を始めた。

上陸掩護の役目を果たした特別陸戦隊は後から上陸してきた陸軍部隊と交代し、午前十時十五分には輸送船の近くに集結した。同じ上陸掩護の役目を負った岐阜歩兵第六十八連隊第五中隊は下流の呉淞鎮から来る砲撃に対するため呉淞クリークに向かった。

名古屋歩兵第六連隊の総力をあげた攻撃が始まった。棉が白い花をつけ、稲は実をつけはじめた頃で、連隊は棉と稲と高粱《コーリャン》の生い茂る田畑を進み、中国軍と激しい銃撃戦を始めた。

要塞と化した部落は、二〇〇～三〇〇メートル間隔で存在する。どの要塞にも銃眼と砲座があり、あらゆる方向から銃砲が飛んでくる。このような陣地はこれまで中国にはなく、銃弾は将校も兵も問わず各所から飛んでくる。

　午後一時、第二大隊の一小隊が正面にあるクリーク手前の陣地を攻め、第二機関銃中隊が掩護して成功させたが、その直後、第二機関銃中隊長が銃弾を受けて戦死した。午後二時、先遣隊として戦っていた岐阜歩兵第六十八連隊第二大隊長矢住政光少佐が呉淞クリークで指揮を執っているところを腹部貫通弾で倒れた。繃帯所《ほうたいじょ》となっている輸送船まで運ばれ手当を受けたが、午後八時に死亡した。

　午後二時頃、日本軍は、桟橋から千メートルほど先を流れるクリークまで進出した。クリークの幅は二四メートル、深さ四メートルもあり、大きい障壁となって立ちはだかっている。初日の目標としてはさらに進まなければならない。

　午後三時になって岐阜歩兵第六十八連隊が上陸をはじめた。鉄道桟橋一帯は名古屋歩兵第六連隊と岐阜歩兵第六十八連隊とで一杯となった。

　夕方まで、日本軍は鉄道桟橋を占領した上、正面では一部がクリーク前まで進み、右翼隊は呉淞クリーク前まで進出、左翼隊は軍工路を進んで海軍病院を確保した。上陸前に予定されていた線まで進むことはできなかったが、橋頭堡は築くことができた。後に第三師団では、上陸作戦に特別功績があったとして、岐阜歩兵第六十八連隊第五中隊、名古屋歩兵第六連隊第三大隊、工兵、衛生隊などに賞詞が出された。

　夕闇とともに日本軍は戦線を整理し、敵の反攻にそなえる。そこへ午後十時ころ、中国軍が夜襲をかけてきた。夜襲は四回に及び、戦いは二時間にわたった。この攻撃は上陸時の反撃に勝るとも劣らないもので、これまで日本軍が得意としてきた夜襲を逆に受けることになったが、日本軍はからくも持ちこたえた。

この日からちょうどひと月後、呉淞鉄道桟橋に上陸した第百一師団の伊藤政喜師団長はその一帯の様子を陣中日誌にこう記した。

「見渡す限り支那家屋大小共に破壊せられざるものなく、頗《すこぶ》る惨状を呈しあり」

一日で周りの建物はすべて破壊された。

初日の戦いで、特別陸戦隊は、戦死二十九名、戦傷三十五名、戦死傷者合わせて六十四名を数えた。名古屋歩兵第六連隊では、戦死五十三名、戦傷百名、戦死傷合わせて百五十三名。先遣隊となった岐阜歩兵第六十八連隊第二大隊では、午前八時まで、隊員六百名に対して百三十名の戦死傷者を出した。予想もしなかった犠牲者数であった。

苦戦、連隊長戦死（名古屋歩兵第六連隊）

第三師団の呉淞《ウースン》鉄道桟橋上陸は成功だったのか。

桟橋には地雷が埋設され、中国軍が待ちうけ、ある程度苦戦することは予想されていた。揚子江の上流や、はるか杭州湾岸に艦砲射撃を行って陽動し、深夜に上陸作戦を行ったのは、そのためである。

上陸した八月二十三日の午後二時ころになると、一部は桟橋から一〇〇〇メートル先のクリークまで進み、午後三時十五分、上陸先遣隊の任務を果たした海軍特別陸戦隊が駆逐艦「夕月」に乗って上海へ戻っていった。間口二キロ、奥行き一キロという江岸に二個連隊が上陸し、その夜の中国軍の夜襲を持ちこたえることができた。

中国軍の夜襲に耐えた日本軍は、翌二十四日、早朝から攻撃に移った。前日、激しい戦いを一日中繰り返し、夜は中国軍の夜襲があって、どの兵隊も満足な睡眠を取っていなかった。この日もうだるような暑さだった。

正面のクリークでは、中国軍と数百メートルの間隔をおいての戦いとなった。日本軍の右翼にある呉淞クリークを越えた永安紡績や日華紡といった建物から弾が飛んでくる。その先の呉淞鎮や呉淞砲台は揚子江上の日本艦艇を狙っている。一刻も早く呉淞鎮方面へ進出して制圧しなければならないが、正面への前進がままならない。

左翼方面では、名古屋歩兵第六連隊に代わり、岐阜歩兵第六十八連隊が前面に立った。午前七時から、第一大隊を中心にして、上海方面に向かって軍工路を前進した。陸家宅、洪家宅、李家宅、丁行宅と戦って、午後三時三十分、黄浦江に沿って一・五キロメートルほど遡《さかのぼ》った水電公司前まで進んだ。ただし、完全に掃討するまでに至らず、進んだ所で日本軍と中国軍が入り乱れていた。

岐阜歩兵第六十八連隊の本部も第一大隊の前進と共に進んだ。午後三時には丁行宅に連隊本部を置き、鷹森孝連隊長もそのうちの一軒の家屋に入り、夜間戦闘についての連隊命令を下達することになった。集められた命令受領者を前に連隊命令を下達しているとき、飛んできた砲弾が家屋の入り口で爆発し、家屋の中にいた三名が戦死、数名が負傷を負った。連隊長も顔面を負傷した。しかし連隊長は日没まで止《とど》まり、夕方になって弾薬運搬用のリヤカーに乗せられ、桟橋の患者輸送船に開設している繃帯所に収容された。

二日目の戦いは、日本軍が新たに攻めた所もあれば、前日占領したのを中国軍に奪取された所もあり、拮抗《きっこう》した戦いが続いた。日本軍はこの日も前日に近い多数の犠牲者を出した。

中国軍の戦いはこれまでに見られないものだった。日本軍が二〇〇～三〇〇メートルの距離まで来ると、中国軍は激しく機関銃を撃ち、弾帯といわれるような弾のカーテンを作る。既に第一次世界大戦時にヨーロッパで生まれた戦い方であるけれど、これまでの中国軍には見られない戦法であり、この戦方は弾の消費が激しいとして日本軍では取られなかった。しかも、中国軍は世界で最も強力な軽機関銃といわれたチェコ製の軽機関銃を装備している。日本軍が三八式歩兵銃で立ち向かおうとしても、一人につき二百発の弾しか配給されていないため、とても相手にならない。軽機関銃は日本軍でも開発されていたが、軽快な音を立て、正確に目標をとらえるチェコ式軽機関銃には敵《かな》わない。

銃撃の間、中国軍は鉦《かね》や太鼓を叩き、まるで日本軍を威嚇するかのようである。機関銃であたりを制圧すると、今度はチャルメラのような笛とともに突撃してくる。日本軍の突撃は銃剣を持って敵陣地に躍りこむのだが、中国軍の突撃は、数個の手榴弾を手に、三〇メートルほどまで来て一斉に投擲《とうてき》する。

中国軍の手榴弾は、簡単な着火式で、五、六秒で爆発する。対して日本軍の手榴弾は、爆発まで七秒から九秒かかるため、投げ返されることもあった。

そのうえ、中には日露戦争で使われた旧式のものまであった。巻いてあるゴムバンドを解《ほど》き、撃針どめを抜いて、七〇センチほどのシュロの縄を振って投げる。地面に落ちたとき、撃針が衝撃を受けて爆発する仕組みになっているのだが、クリークの多い上海では落ちても爆発しないことが度々あった。

そもそも、日本軍は手榴弾での突撃を考えたことがなく、兵隊の持つ手榴弾は二発で、投擲しても一発だけ。手榴弾の効果を上げるためには擲弾筒を用いた。一方、中国兵は各自数十発の手榴弾を持っていて、手榴弾戦に限れば中国軍が長じていた。

上陸三日目の二十五日になると、前進はほとんどままならなくなった。午前十時三十分、クリークを越えた呉淞クリーク寄りの周家宅から中国軍が攻撃してきて、名古屋歩兵第六連隊第二大隊は苦戦し、後退する隊が出てきた。前日に続いて、呉淞クリークを越えた紡績工場にある敵陣地からの砲撃も日本軍を苦しめた。正面クリーク一帯での戦いでは名古屋歩兵第六連隊の第七中隊長が戦死した。

中国軍の攻撃の特色は夜間突撃である。日本軍陣地から数十メートルのところまで進むと、手榴弾を投擲して戻る。その攻撃を数回繰り返す。この日も名古屋歩兵第六連隊と岐阜歩兵第六十八連隊は夜襲を受け、二回目の夜襲では名古屋歩兵第六連隊の第三中隊長が戦死した。

二十六日は軍工路を上海市街地に向けて進んだ岐阜第六十八連隊第一大隊が殷行鎮《いんこうちん》を攻撃した。しかし、この攻撃以外は広がらず、正面のクリークでは進んだり後退したりで、この日も押し返されるところがあった。依然として呉淞鎮からの中国軍の砲射撃が続く。呉淞鎮の中国軍を早く攻撃するよう軍司令部から督励されるものの、攻めあぐねた。

日本軍はまるで中国軍のツボに嵌《は》まったかのようである。攻めあぐね、攻めあぐね、ただただ犠牲者が増えるだけだった。

上陸五日目の二十七日、ようやく正面のクリークを越え、一昨日苦しめられた周家宅を占領、名古屋歩兵第六連隊第一中隊が師団長の賞詞を受けるほどの働きをした。

一方、岐阜歩兵第六十八連隊は、水電公司を占領して、さらに殷行鎮を占領したものの、中国軍の反撃は強く、占領地域をそれ以上に広げることはできない。

上陸以来、連日、暑い日が続いていた。日本軍を苦しめた一つは喉の渇きだった。各自持っている水筒の水はすぐになくなる。生水は厳禁されている。しかし飲料水は届かない。いたるところにクリークが流れているけれど、ほとんど濁っている。クリークの濁った水を水筒に汲んで、煮沸してからなら飲んでもよいと命令が出たが、そんな時間もなければ、薪もない。飲めばアメーバ赤痢に罹《かか》る。腹が痛みだし、下痢が止まらず、いったんアメーバ赤痢に罹れば簡単には治らない。きれいに見える水も同じだ。それでも渇きに耐えかねて飲む兵士がいる。

二十八日、前日周家宅を占領した名古屋歩兵第六連隊第一大隊は、正面左寄りの紀家を目指した。午後三時、紀家へ攻撃を開始、三時五十分、占領した。占領地域がやや広がった。

この日、にわか雨が降り、雷鳴がとどろいた。

中国軍は退却しても、それで終わりにはならない。必ず反撃してくる。そのため日本軍は、前進すると、反撃に備え直ちに壕掘りが始まる。それぞれ持っているスコップで土を掘り、できれば体がまるごと収まるまで掘る。この日のにわか雨は連日の暑さから兵を救ってはくれたけど、雨が壕に流れこみ、夜になると足元の雨水が体を冷やし、兵士の眠りを妨げた。

二十九日未明、名古屋歩兵第六連隊長の倉永辰治大佐は、前日占領した正面左で熾烈《しれつ》な銃声が上がったので、敵情と第一線の状況を視察すると共に、戦闘を指揮するため、桟橋に近い連隊本部を連隊副官たちと出発した。辺りは柳の並木が続いている。連隊本部から数十メートル進んで民家を曲がったとたん、敵弾が連隊長の胸部を貫通した。銃弾の流れから、遠くからの狙撃ではなく、逃げ遅れて潜んでいた中国兵が撃ったものと考えられた。

倉永辰治大佐は、陸軍大学校を卒業した後、歩兵学校の教官などを務め、前年三月、名古屋歩兵第六連隊長に任命された。通常なら、動員の直前に行われた人事異動で、師団参謀長などに代わるところであったが、連隊長にそのまま止《とど》まった。

士官学校に入り、歩兵に進んだ者にとっての最大の望みは、連隊長を務めることである。倉永辰治はその連隊長となり、しかも連隊を率いて戦場に臨む武運に恵まれた。士官学校同期生でも、鹿児島歩兵第四十五連隊の神田正種大佐や松山歩兵第二十二連隊の永津佐比重《さひしげ》大佐などが同様に戦場に赴いていた。倉永大佐にとって連隊長としての戦死は本望だったかもしれない。

一般的に戦闘において大部隊を指揮する連隊長や大隊長が戦死傷で戦場を離脱するというのはあまりないことなのだ。しかし、上海では多くの指揮官が斃《たお》れた。これだけでもいかに上海戦が混戦、激戦であったかがわかると思う。読者はこれから読み進むにつれ、さらに多くの指揮官の戦死傷を目撃することになる。

　この日も中国軍の反撃は続き、遠く江湾鎮の砲兵陣地から呉淞桟橋を目標にした砲撃も続いて輸送船などに被害が出ていた。

　三十日も日本軍は攻撃を続けるが、死傷者を出すだけで、戦線に進展は見られなかった。

　二十三日から三十日までの九日間で、名古屋歩兵第六連隊は、戦死百三十八名、戦傷三百三十六名、合計四百七十四名を数えた。応急動員で上陸した将兵を三千名弱とすると、なんと一六パーセントの戦死傷率となっていた。

呉淞鎮上陸と宝山城の攻略（岐阜歩兵第六十八連隊）

　呉淞鉄道桟橋から黄浦江岸を下流へ、呉淞鎮、呉淞砲台、宝山城と五キロメートルにわたって陣地が連なる。呉淞桟橋と呉淞鎮との間には、呉淞クリークが流れている（地図⑧参照）。呉淞鉄道桟橋に上陸した第三師団は、呉淞クリークを越えて呉淞鎮と呉淞砲台を占領しなければならないが、名古屋歩兵第六連隊も、岐阜歩兵第六十八連隊も、上陸したものの前方のクリークにも右翼の呉淞クリークにも思うように前進ができていない。

　呉淞鎮や呉淞砲台にある中国軍陣地からは、揚子江を溯航する日本艦船に砲撃や射撃が浴びせられ、このまま続けば、食糧や弾薬の揚陸にも差し支えが出てくる。

　呉淞クリーク側から攻めあぐねた第三師団では、岐阜歩兵第六十八連隊を引きぬき、改めて呉淞鎮へ上陸させることにした。

　七月二十九日、呉淞鉄道桟橋に上陸して戦っている岐阜歩兵第六十八連隊は確保した地域を名古屋歩兵第六連隊に引き継ぎ、第一大隊と第三大隊は上陸用舟艇に乗って呉淞鎮北方二キロメートルにある砲台湾南に上陸し、第二大隊は改めて呉淞クリークにかかる鉄道線路を渡って呉淞鎮へ進むことが決まり、集結が始まった。

　三十日午前十時、遅れて編成された第四、第八、第十二の三個中隊はじめ、大小行李や馬の動員が完了して追いついてきた。兵力が強化され、第一大隊と第三大隊では、上陸用材料の受領と配分が行われ、午後二時には上陸訓練も行われた。

　三十一日午前九時、第一大隊と第三大隊が鉄道桟橋に集結した。午前十時、上陸地点に向けて、黄浦江上からは艦砲射撃、空から急降下爆撃、鉄道桟橋から砲撃も行われた。耳をつんざく轟音がしばらく響き、十時十分、上陸部隊が乗船、砲爆撃がやむと、工兵の乗った舟が上陸点に沿って煙幕をたき、それを合図に砲台湾への上陸が始まった。

　第一次上陸部隊が上陸した。中国軍は、日本軍の激しい砲撃が続く間、壕の中で息を潜め、砲撃が止むと上陸した日本軍を迎え撃った。最初に上陸した第四中隊の一小隊は、中国軍の激しい射撃にたちまち前進をはばまれた。しかし、二次、三次と上陸、江岸から五〇〇メートルほどにあるトーチカに向かった。一時間ほど激しい戦いが繰り広げられ、日本軍は上陸地一帯を確保し、その後、やや広げて海岸線から数百メートルまで進出した。

　砲台湾に続いて、午前十一時には呉淞鎮にも上陸した。ここでも白兵戦となったが、午前中までには上陸地点一帯を確保し、日本の艦船をねらっていた機関銃と多数の銃弾を鹵獲《ろかく》した。

呉淞クリークにかかる鉄道から呉淞鎮に向かった第二大隊は、上陸する部隊とほぼ同じ午前九時半、対岸の陣地に対して、爆撃、艦砲射撃、野山砲の一斉射撃を始め、九時五十分になると重機関銃の射撃を開始し、五十五分、煙幕を張り、風向きがよく煙が河面を覆ったので、十時に鉄橋を渡って突進した。渡る間、ほとんど射撃ができず、しかも対岸近くの鉄橋が壊れていたため、呉淞クリークに落ちる者も続出したが、渡河した者は次々と突撃し、午前中に呉淞鎮まで進出した。

しかし、砲台湾では午後になると中国軍の反撃が始まり、日本軍は進出した一帯を確保するのが精一杯となった。砲台そばにある商船学校は中国軍が確保したままでこの日の戦いは終わった。

日本軍は江岸から数百メートルは進出したものの、その間には中国兵が残っており、九月一日は早朝からその掃討が行われた。第一大隊では大隊本部が中隊と連絡が取れないほど入り乱れた戦いとなった。それでも次第に日本軍は占領地域を広げ、午後には呉淞砲台に向かって攻撃を始め、夕方には呉淞砲台の背後数百メートルまで進んだ。砲台正面にはおよそ二千、そこから内陸寄り数百メートルには千五百の中国軍が布陣していた。

二日は午前九時から呉淞砲台への攻略が始まった。砲台といっても、第一次上海事変後の停戦協定により大砲は取りはらわれ、最近設置にとりかかったがこの戦いには間に合わなかった。しかし砲台そのものは、長さ一〇〇〇メートル、幅一五〇メートル、厚さ六〇センチメートルの鉄筋コンクリートで防御されており、中国軍はその砲台に拠り機銃で日本軍を苦しめた。最初に突撃した一隊は撃退されたが、次々と突撃し、九時三十分、呉淞砲台を何とか占領した。三日、善通寺第十一師団の丸亀歩兵第十二連隊が呉淞桟橋に上陸してきた。そのときの桟橋一帯の様子を、一分隊長は次のように記している。

「呉淞の岸壁にはいあがった私の目を射た風景は、まさに地獄であった。修羅の巷《ちまた》もこんなにひどくないであろうと思われるほど残酷なものであった。岸壁上一面が見わたすかぎり死体の山で、土も見えないほど折り重なっていた。まるで市場に積まれたマグロのように、数千の兵隊の屍《しかばね》が雑然ところがっている。それと同時にヘドのでそうないやな死臭が私の鼻をついた」

「その上それらの死体はみな、内臓腐乱のために発酵して丸くふくれあがり、その圧力で身体の軟らかい部分が外にふきだしていた。眼球が五、六センチも顔から突きだしているのである。なかにはウジ虫のかたまりとなりはてて、幾万もの虫がウヨウヨとかたまってうごめいている上を、無数のはえが黒々とたかっているものもあった。私はこのありさまを目にした瞬間、脳貧血をおこして倒れてしまいそうになった」

一分隊長の見た死体の山は中国兵だろうが、呉淞鉄道桟橋と呉淞鎮一帯の戦いがいかに激しいものだったかを示している。

呉淞砲台を占領した岐阜歩兵第六十八連隊は、九月二日のうち、砲台から二キロメートルほど北にある宝山城の攻略に向かうことになった。

中国の街は、どこも城壁に囲まれている。中国では、村落が誕生すると、必ずといっていいほど城壁が築かれ、住民は城壁の中で生活してきた。城門を閉じれば、外の世界とは遮断され、城壁は住民とその財産を守る。

城壁は土を固めたものから、石や煉瓦でできているものまであり、時代とともに頑丈なものへと変わる。高さは数メートルから十数メートルまで、周囲は一キロメートルに満たないものから数十キロメートルに達するものまである。

これら城壁は宋の時代までにはおおむね普及し、県の行政組織が置かれるような街にはほぼ築かれ、県城と呼ばれた。明の時代に入っても作られ、南京城のように最大の城郭は明の時代に作られている。日本の城壁とは意味も造りも違い、中国人はそのような生活を何千年にもわたって送っていた。

しかし、時代とともに城は狭くなり、やがて城外で生活する住民も増えてくる。

宝山城は、周囲三キロメートル余り、その周りを幅一〇メートルの濠《ごう》が流れている。城壁の高さは七メートル。宝山城は、宝山県の県城であり、日本軍の目指す楊行鎮や大場鎮も本来は宝山県の行政区域である。住民の多くは農民で、いまでは城の外に住む住民の方が多くなっている。

三日、岐阜歩兵第六十八連隊が宝山城方向に向かっていると、牧場に至った。牧場は、そこから宝山城まで七五〇メートル続き、数十頭の牛が草を食べている。周りには無花果《いちじく》が実っている。

宝山城を攻撃する岐阜歩兵第六十八連隊（写真提供・毎日新聞社）

牧場の先に見える宝山城は長方形をして、西の門から城外に街並みが続いている。岐阜歩兵第六十八連隊は降伏勧告をしようと、午後二時を返答時間とするビラをばらまいた。しかし中国軍は降伏せず、三時には砲撃が開始された。

四日、岐阜歩兵第六十八連隊は、左翼を四塘《しとう》クリークまで広げたが、宝山城の攻撃は進展しなかった。城内にこもった中国軍は二、三百、城外の西方に五、六百がいると見られた。

九月五日、この日も猛暑だった。午前十時、宝山城の西門前に中国の大軍が現れたので、宝山城に照準を絞っていた大隊砲が砲撃を加えると、退却していった。日本の戦車中隊がやってきて南門と西門から突入を図ろうとしたが、突入するまでには至らない。

岐阜歩兵第六十八連隊には重砲と野砲も揃い、明六日午前九時を期して宝山城を攻撃することが決まった。

六日、いよいよ宝山城攻撃である。七メートルの城壁を破壊して突入するか、梯子《はしご》を掛けて躍り込むか、城壁を破壊するための工兵も配属された。午前八時、第一大隊が前進し、九時から三十分間、東南角を目標に砲撃が行われた。予想されたように砲撃では十分な破壊ができず、工兵隊が城壁まで進み、爆薬を破裂させることになった。十時、破壊口が生じ、突入隊が城内に入った。一部は梯子を掛けて入った。中国軍は手榴弾を投げてきて、城内の東側では激しい白兵戦となった。しかし中国軍の抵抗はそこまでで、十時二十分、ついに日本軍は城内の東南部一帯を占領した。大隊砲も破壊口から入り、城内の中国軍陣地に向かって砲撃を開始した。

その後、残る城内を制圧していき、午後四時、連隊本部が入り、宝山城を占領した。

二十三日の呉淞桟橋上陸からこの日までの十五日間、岐阜歩兵第六十八連隊は休むことなく戦ってきた。まだ揚子江岸の宝山城を攻略したにすぎないけれど、将兵は疲れきっており、しばらくは休ませなければならない。宝山城攻略をもって岐阜連隊は第一線を交代し、宝山城で待機となった。

七日、中国軍はその六十八連隊に城の西方にあるトーチカから反撃し、戦いは続いた。

前日に城内で飲んだ生水のためか、この夜から第一大隊にコレラに罹《かか》るものが続出した。

八日も掃討は続き、この日、戦場掃除が行われた。

戦場の死体はそのままにされて、至るところに臭気が漂っている。戦いが終われば、戦場掃除といって、はじめて死体を埋葬したり、焼いたりする。荼毘《だび》に付すといっても、薪がないので、周りにある家屋の柱や板塀などを積みかさね、その上に遺体を載せ、油をかけ火をつける。僧侶出身の兵がいれば、読経する。終わると、遺骨は白布に包み、後方に送る。火力が弱く、なかなか骨にならない。前進しなければならないときは、白骨になる前のものを遺骨として取らなければならない。

コレラ患者が日とともに増え、九月九日、猖獗《しょうけつ》をきわめた。

第十一師団の川沙口上陸

四国の第十一師団は日本の誇る精強師団である。明治三十一年、ロシアとの戦いに備えて編制され、乃木希典中将が初代の師団長についた。旅順攻略で名をあげ、ロシア出兵と第一次上海事変を戦った。麾下《きか》の四個連隊は四国それぞれの県の兵隊から成っているため、連隊同士が競い合う一方、一つの連隊が同じ県民からなっていたことは連隊に纏《まと》まりをつけ、軍紀を厳正に保つことにもなった。

上海で戦うとなれば、敵前上陸が行われることになり、上陸訓練を重ねてきた第十一師団がまず必要とされる。

動員の十日ほど前、松山歩兵第二十二連隊長として永津佐比重大佐、高知歩兵第四十四連隊長に和知鷹二《たかじ》大佐が任命された。ふたりともいわゆる〝支那通〟として知られた軍人である。永津佐比重大佐は、一年四か月、参謀本部の第二部支那課長を務めた。支那課は中国の情報を集めることを任務とし、永津大佐は、昭和六年から北京駐在武官補佐官を務めるなどして、支那課長に任命されていた。

和知大佐は、広東駐在武官補佐官や太原の特務機関長を務め、この一年間は天津にある支那駐屯軍の政策担当参謀を務めていた。中国に多くの人脈を持ち、盧溝橋事件が起きるとその顔の広さを生かして交渉に奔走し、事件からほぼひと月、定期異動と共に連隊長として赴任してきたのだ。

これから中国で戦おうとする第十一師団にとって共に心強い連隊長である。

第十一師団では、八月十四日、動員命令が下り、あわただしく応急動員が進められ、十七日から十八日にかけ巡洋艦が続々と多度津港に集まり、二十日午後十二時三十分、第一梯団《ていだん》が多度津港から出発した。翌日、第二梯団が発ち、二十二日には上海沖の馬鞍《ばあん》群島に集結した。

上陸予定地を飛行機から観測し、検討された結果、第十一師団の上陸地点は呉淞から一五キロメートルほど上流の川沙口《せんさこう》と決まった（地図⑤参照）。

第一梯団として乗りこんだ高知歩兵第四十四連隊と徳島歩兵第四十三連隊が上陸した後、松山歩兵第二十二連隊が上陸することになった。川沙口に上陸した後、六キロメートルほど南西にある羅店鎮に向かい、羅店鎮を占領した後は嘉定を攻撃、そこで南翔へ向かう準備をする。

二十二日午前、上陸部隊が馬鞍群島に集結している間、陽動のため、七了口《しちりょうこう》、劉河鎮《りゅうかちん》、獅子林砲台などへ艦砲射撃が行われた。

　午後五時、第一梯団は巡洋艦から駆逐艦に乗り換えて集合地を出発、二十三日午前零時、川沙口沖の泊地へ進入した。上陸は第三師団とほぼ同じ午前二時に予定された。

　しかし、あわただしく動員作業が行われた上、馬鞍群島も川沙口沖もごったがえしていたため、いよいよというときになって工兵隊が上陸用舟艇の準備に手間取った。午前二時になっても舟艇は来ない。ようやく準備が整い、舟艇が発進したのは四時十五分だった。呉淞鉄道桟橋に上陸する第三師団より一時間も遅れたことになる。

　思わぬ出来事は工兵隊だけではなかった。

　徴兵されて入営すると、さっそく教練が始まる。教練は射撃から始まり、次いで銃剣術に進む。応急動員の命令を受けたとき、高知歩兵第四十四連隊では初年兵への射撃訓練は終わっていたけれど、銃剣術はまだだった。戦場では、最後に敵陣地へ向かって突撃する。これから戦場に向かう兵士が接近格闘の訓練を受けていないではすまされない。高知連隊も応急動員でてんやわんやだったが、急遽、格闘訓練を行うことになった。

「敵を見たらすぐ突け」

「敵の胸を突け」

　訓練は三日間行われ、とりあえず刺突だけはできるようになった。高知連隊の初年兵は最低限の基本を身につけただけで上海に向かったのである。

　上陸が予想される揚子江岸はすべて中国軍の陣地が構築されている。川沙口も堤防を越えたところに陣地が構築されていた。日本軍の艦砲射撃がやむと、陣地に潜んでいた中国軍が揚子江に向け一斉に射撃を始める。上陸用舟艇の艇首や海面に弾が当たる。

上陸用舟艇が江岸に乗りあげると、将兵は銃剣を手に揚子江に飛び込んだ。

一気に海岸まで駆ける。四時五十分、上陸は成功した。

上陸に成功した勢いで、高知歩兵第四十四連隊は、河岸から一キロメートル先の川沙鎮まで進んだ。午前七時には師団司令部も上陸した。

しかし、上陸用舟艇の用意が遅れたため、上陸地点を誤った高知歩兵第四十四連隊第三大隊は、川沙口から二キロメートル下流の貴腰湾に上陸してしまった。

川沙口の上流には瀏河口、下流には獅子林砲台があり、上陸作戦と共にここへも艦砲射撃が行われた。瀏河口方面の敵は頑強に反撃してきた。そのため、第一梯団のうち徳島歩兵第四十三連隊が向かうことになった。羅店鎮へは高知の歩兵第四十四連隊だけが向かった。

日本軍が上陸すると、砲撃と空爆による中国軍の反撃も始まり、午前九時、師団司令部が置かれた建物が爆撃され、師団の下坂正男参謀が右肩から左胸にかけて裂傷を負い、十一時四十分、出血多量のため戦死した。

高知歩兵第四十四連隊は、第二大隊に退却する中国軍を追撃させ、敵状を探って羅店鎮攻撃の拠点を確保し、師団の進出を容易にする任務を与えた。中国軍の抵抗はほとんどなかったが、第二大隊の兵士は焼けつくような暑さに苦しんだ。夕方には羅店鎮へあと一キロメートルというところまで進み、敵の陣地も多くなったため、羅店鎮から一・三キロメートルほどに兵力を集結させた。

夜になると、中国軍は反撃に転じてきた。夜襲は三回に及び、未明にも襲撃があった。しかし、日本軍はすべて撃退し、羅店鎮まで一・三キロメートルの地点を確保した。

上陸初日の戦いが終わって第十一師団のこうむった犠牲は、戦死者六名、戦傷者四十余名だった。

この中には少尉に任官してわずか三日目の若者もいた。若者は六月に士官学校を卒業すると、見習士官として高知歩兵第四十四連隊に配属された。そうするうち連隊に応急動員の命令が下り、小隊長として出征することとなった。五、六十名の小隊が勇敢に戦うかどうかは小隊長の指揮ぶりにかかっている。若者は勇躍して戦場に赴いた。駆逐艦上で少尉に任官し、第一回の上陸部隊として上陸用舟艇に乗ることになった。江岸に着くと、軍刀を右手に田圃を進み、小隊の先頭に立って堤防をかけあがり、中国軍陣地に飛びこんだ。そのとき、敵の銃弾が若者の鉄兜正面を射抜いた。二十一歳になったばかりの若者はうつむけに倒れた。真新しい軍服を着て、新しい肩章を輝かせ、上陸してわずか二時間で若者は散った。

初日の上陸作戦で、呉淞桟橋に上陸した第三師団は、特別陸戦隊の犠牲者も入れて、戦死三十名、戦傷百九名、対して川沙口に上陸した第十一師団は、戦死六名、戦傷四十余。第三師団が河岸から一キロメートル余を確保したのに対して、第十一師団は五キロメートルほど進めた。

二十四日、松山歩兵第二十二連隊が上陸し、高知連隊に追いついてきた。二個連隊で羅店鎮攻略に向かうことになった。

高知連隊は、第二大隊に続いて、第一大隊が羅店鎮手前一キロメートルまで進んだ。しかし、そこまで進んだところで、中国の大軍に前進をはばまれ、一日が過ぎてしまった。初日の勢いはたちまち失われてしまったのだ。

三日目の八月二十五日になると、中国軍が激しく攻撃してきた。高知連隊第二大隊は未明から中国軍の七回に及ぶ攻撃を受けた。第一大隊でも未明から連続して攻撃を受けた。それでも第一大隊は反撃するとともに、退却する中国軍を追って羅店鎮まで進んだ。第三大隊は羅店鎮の東の陣地を攻撃した。

この日は上陸日より激しい戦闘が一日中行われ、高知連隊は四十六名の戦死者を出してしまった。

中国軍の陣地は掩蓋《えんがい》銃座で、三八式歩兵銃で突撃することはできず、どうしても砲兵が欠かせない。しかし、砲兵の揚陸が遅れたので、到着を待って改めて羅店鎮を攻撃することになった。

中国軍は羅店鎮の前でとどまり、日本軍が攻めあぐねている間、嘉定から兵力をどんどん送りこんできた。二十六日には四千人、二十七日には五千から六千人を増加させた。

二十七日、砲兵の到着をいつまでも待っているわけにもいかず、高知連隊は迂回して羅店鎮の南東から攻める作戦に出た。しかし、中国軍は兵力を増しており、中国軍の砲撃とクリークによって高知連隊は進むに進めなかった。

砲兵がようやく到着し、弾薬も補給がついた。二十八日、満を持した攻撃が始まった。空爆を皮切りに、午前八時、松山歩兵第二十二連隊は西から、高知歩兵第四十四連隊が東から、羅店鎮を挟み撃ちするように進んだ。羅店鎮南の中国軍砲兵陣地からの砲撃が高知歩兵第四十四連隊を苦しめ、松山の歩兵第二十二連隊では予備隊まで投入しての戦いとなった。

松山歩兵第二十二連隊長の永津佐比重大佐と高知歩兵第四十四連隊の和知鷹二大佐は、ともに勇敢であるけれど、戦いぶりは対照的だった。永津連隊長は、つねに兵力を中央に集結し、敵を引っ張りこんで叩くというやり方を取った。和知連隊長は、一部の兵力で敵を牽制《けんせい》し、たえず機動力を発揮して敵の側背をつく方法を取った。永津連隊長は武田信玄で、和知連隊長は上杉謙信にたとえられた。

九時ころになると、中国軍の射撃が弱まりだした。十一時、高知連隊が羅店鎮の東部の一角に突入した。市街地を一角ごとに確保していく。松山連隊も羅店鎮の一角を占領、羅店鎮の西部、南部と占領していき、午後三時には羅店鎮を完全に占領することに成功した。

中国軍は嘉定方面と大場鎮に退却していき、夜になると、羅店鎮一帯は雷鳴をともなった雨となった。

第十一師団は上陸から六日目で上陸時に目標とした羅店鎮を攻略した。揚子江岸から羅店鎮まで六キロメートル。一日に進んだ距離は平均一キロメートル余であった。

師団長の山室宗武中将は隷下の四個連隊の特色を挙げ、

「やっぱり尚武の気質を持つ高知県の兵隊がそれだけ強い」

と述べた。高知連隊が先頭に羅店鎮に向かったのが功を奏した。

羅店鎮から中国軍は退却したけれど、日本軍は一息つくひまもなかった。もちろんここが要衝であることを中国側はよく知っていて、その夜には態勢を立て直し、翌二十九日の朝から羅店鎮奪還に乗りだしてきたのだ。

野砲などを集中させ、羅店鎮とその東方の日本軍を激しく攻撃してきた。羅店鎮の東方は日本軍が羅店鎮を攻略する拠点にしたところで、多くの戦死者を出していた。その戦死者の収容もできないほど、中国軍の逆襲は激しかった。かつての中国軍に見られない粘り強い軍事行動である。

さらに中国軍は嘉定から兵力二万を送ってきた。日本側は二個連隊の約六千、しかもかなりの数の戦死傷者が出ていた。

三十日の深夜から翌日の未明にかけ、中国軍は再び大攻勢をかけてきた。野砲と山砲による砲撃に続き、突撃ラッパとともに突撃してきた。突撃は数次にわたった。

このとき、日本軍はかろうじて守りきり、明け方、中国軍は退却していった。しかし、中国軍の反撃は日増しに強くなり、羅店鎮を占領したものの、日本軍は確保するのが精一杯の状況となった。

トーチカとコレラとの戦い（丸亀歩兵第十二連隊）

中国の都市の中で、日本の紡績工場が進出し、三万人もの邦人が生活していたのは、上海と青島であった。そのため、有事となれば、上海と青島には陸軍部隊を送るということが国防計画に挙げられていた。

盧溝橋事件が起こって紛争が拡大の気配を見せた七月十四日、上海に第三師団と第十一師団を派遣すると共に青島に第十四師団を派遣すると決まったのだが、こうすることは国防計画で決まっていたからだった。

日本陸軍の教練の一つに上陸演習がある。舳先《へさき》に機関銃が据えられ、船尾にエンジンがあるだけの鉄の箱船に乗りこみ、海岸に乗りつける演習である。ただし、どの兵隊もこの教練を受けるわけではなく、指定された師団だけで行われていた。たとえば第十一師団は教練の重要課目としてこの演習を重ねていたが、第十四師団ではまったく行われていなかった。

この夏も、第十一師団の丸亀連隊と高知連隊ではすでに上陸演習を行っていた。そのため、青島へは第十四師団が派遣されたものの、第十一師団からも一個連隊を割いてまず上陸させ、橋頭堡を築いたところで第十四師団を上陸させることになった。

この一個連隊に選ばれたのが丸亀歩兵第十二連隊で、同連隊は二十二日深夜、ほかの連隊と分かれて青島に向かった。

青島では日本と中国で話し合いが続けられていた。青島の安否は上海以上に危惧されていた。青島沖に到着した丸亀歩兵第十二連隊は、沖合で上陸を待った。

やがて、青島の日本人居留民は全員引き揚げることとなった。上陸する必要がなくなった丸亀連隊は、大連に向かい、食糧や飲料水などを積み込み、反転して上海に向かった。

九月二日に呉淞沖へ到着すると、命令を受けた。

「月浦鎮《げっぽちん》に向かって徳島連隊に協力し、さらに羅店鎮にいる敵の側背を攻撃して第十一師団主力と合流すべし」

丸亀歩兵第十二連隊が十日も輸送船に揺られている間、高知連隊と共に川沙口に上陸した徳島歩兵第四十三連隊は劉河鎮を攻略した後、月浦鎮に向かっていた。高知連隊と松山連隊は羅店鎮を占領し、次の準備をしているところであった。

丸亀連隊は、九月二日夜から三日にかけ呉淞鎮北方に上陸した。呉淞鎮は、二日前、岐阜歩兵第六十八連隊が上陸し、中国軍を撃退していて、中国軍からの攻撃はなかったが、岐阜連隊がいかに苦戦したか、一目瞭然《りょうぜん》だった。河岸には多数の日本兵が浮いている。埋葬する余裕がなく、流されないようにゲートルで桟橋につないだままである。前線からは、負傷兵を乗せた担架が列をなして運ばれてきている。砲撃の音が遠くから聞こえ、銃撃の流れ弾さえ頭上をかすめる。

ここから月浦鎮に向かうのだが、月浦鎮は六キロメートルほど先にあり、宝山城を通らなければならない。

五日午前七時、丸亀連隊は呉淞砲台西北まで進み、そこから宝山城の西に向かい、午後一時半過ぎ、宝山城西の城門から延びる西門大街まで前進した。

岐阜連隊は宝山城を攻略していたが、なかなか進展していなかった。宝山城の攻略が進まないため、丸亀連隊は待機せざるを得なかった。前進が遅れれば、それだけ中国軍の防備は進み、部隊が増強され、攻略が困難となる。

徳島歩兵第四十三連隊は、上陸した後、劉河鎮に進み、自分に倍する敵を相手にした。八月三十日、劉河鎮の敵を第一大隊に任せ、第二大隊と第三大隊は岐阜連隊を側面から掩護するため、獅子林砲台に向かうよう命令された。揚子江岸を下り、九月一日には獅子林砲台を占領した。獅子林砲台を占領すると、さらに揚子江岸を下って、宝山城に向かった。

その途中、中国軍と出会い、四日には、迫撃砲の攻撃を受けた。一発は大隊砲に命中、大隊長はじめ十数人が死傷し、肉片が飛びちった。

丸亀連隊が宝山城に向かって北上している頃、徳島連隊は宝山城北方一キロメートル余まで前進していた。

六日、丸亀連隊は朝から宝山城の西にいる中国軍を攻撃、城から西方二キロメートルのクリークに進出し、この間、敗残兵五百を殲滅した。

この日、岐阜連隊が宝山城を落とし、夜になって、丸亀連隊は徳島連隊と宝山城の西方で落ち合った。

宝山城が陥落し、丸亀連隊はそこから改めて月浦鎮に向かうことになった。月浦鎮が近づくにつれて、敵陣地も多くなる。

七日、宝山城から一キロメートル余りで最初の敵陣地にぶつかった。

ピシッと音がして土が飛び散る。一面棉畑が広がり、隠れるところはなく、兵士は一斉に地面に伏せる。銃弾の風圧によって五〇センチほどの棉の木がゆらぐ。兵隊はただちにシャベルで地面を掘る。大切なのは頭なので、横になったまま頭の入る穴を掘り、胸、腹と掘りすすめ、終わると全体を深くする。シャベルを持っていない将校たちは、少しでも安全な棉畑の溝に身を隠す。シャベルを持っている兵士の方が将校より安全だった。中国軍の機銃の前には、指揮官といえど匍匐《ほふく》前進するだけである。月浦鎮に向かうときの中国軍の機銃掃射には、先頭で指揮している安達連隊長も地面に伏せ、泥だらけになり、畑の溝にそって匍匐前進しながら指揮を執った。

八日、月浦鎮まで二キロメートルほどに迫ったとき、さらに堅固な陣地に直面した。野砲が攻撃するけれど、観測ままならず、機銃を黙らせるまでに至らない。

第一中隊は、クリーク際にあるトーチカにぶつかり、白兵戦となった。一日かかってようやく占領したものの、中隊長が負傷したのをはじめ、数十名の戦死傷者を出し、もともといた二百名の中隊で戦闘可能な者はなんと六十名までに減っていた。

第十中隊は周家宅に向かった。周家宅は、この辺りにはめずらしく大きい部落で、十軒ばかりの家が立ち並んでいる。中隊が近づいても敵の攻撃はなく、そのまま中隊は部落の広場の中央まで進んだ。そのとき、突然、手榴弾が投じられ、機関銃の掃射が始まった。不意打ちを食らった中隊は手も足も出なかった。

「やられた！」

「助けてくれっ！」

あちらこちらから、叫び声が上がった。広場は機銃で幕が作られたようになり、ただ伏せるしか方法がない。周家宅は二十四ものトーチカがあり、周辺のも含めると五十近くのトーチカを有するまれに見る陣地で、中国軍は日本軍が来るのを待ちうけていたのである。

やがて、三台の戦車が救援にかけつけ、トーチカとなっている民家に機関砲の連続射撃を浴びせ、民家に乗り上げ、なぎ倒す。中国軍はいっせいに退却しはじめた。

中隊は何とかして全滅を免れたが、中隊長が負傷、戦死十六名、戦傷三十八名、戦死傷合わせて五十四名の損害を出した。一日にして、兵力の四分の一を失ってしまった。

周家宅はすっかり破壊されたが、周家宅にかぎらず、戦いのあった部落はほとんど原形をとどめていなかった。

連日の暑さで、どの兵隊も喉の渇きに苦しんでいた。月浦鎮に進む途中には高粱《コーリャン》の畑がある。長い茎を切ってかじると、甘みのある水分が出る。兵隊は高粱をかじって前進した。

内地ならどこにいてもおいしい水が飲める。どの兵隊もそれを思い出した。渇きに我慢できない兵隊の中には、どんな水でも飲めるなら死んでもよい、とまで考える。水たまりの水を飲む者もいた。

それが原因か、宝山城近くで丸亀連隊にコレラが発生し、患者は三十名、疑似コレラは五十名を数えた。嘔吐と下痢が続いて、ついていけない兵隊も現れだす。看護兵はいない。護衛の兵隊を置いていく余裕はない。道の両側に倒れて、収容を待つ兵隊があちらこちらに現れるようになった。

九日、月浦鎮を囲むようにあるトーチカまで進み、朝から丸亀連隊の攻撃が始まった。

中国軍が徹底して反撃する理由の一つに督戦隊の存在がある。督戦隊とは、モーゼル銃を手にした部隊で、戦闘部隊の後方に控えて叱咤激励し、兵士が突撃することなく退却すると、容赦なくその兵を射殺する。この督戦隊の存在が中国軍の攻撃を激しいものにしていた。

壕の中で戦死している中国兵もしばしば見られた。固定された鎖に足をはめるか、トーチカの外から鍵を掛け、壕から脱出できないようにしてあった。自ら希望したものなのか、それとも命令なのか、これも中国兵が徹底して抵抗する要因であった。

丸亀連隊は月浦鎮に向かう戦いで多くの犠牲者を出した。九月七日から九日までの三日間で、戦死百九十名、戦傷者はその数倍を出し、三日間で、連隊のほぼ五分の一を失ってしまった。それでも十日には月浦鎮の一角まで進んだ。こうした記録を調べると、当時の日本軍将兵、つまり我々の父、祖父たちは何と律義なのだろうと感嘆せざるを得ない。

数日前から、コレラの恐れが危惧されていたけれど、この日、検査の結果、やはり真性コレラと判明した。丸亀連隊に最も多く、すでに三十余名の死者を出している。給養そのものが追いつかない中、せめて水だけは手配するよう、軍司令部から指示が出された。

十一日も攻撃は続けられた。占領するまではいかなかったけれど、徐々に包囲網を作りつつあった。

月浦鎮の周りのトーチカでは激しい攻撃を見せた中国軍であるが、月浦鎮そのものを守り抜くつもりはなかったようで、包囲される前に退いていった。こうしてようやく十二日朝、月浦鎮が日本軍のものとなった。最後の攻略には徳島連隊も加わった。

月浦鎮を陥落せしめたが、宝山城からこの日まで、一日に進んだ距離は平均一キロメートル。遅々とした前進である。上陸作戦が行われてから二十日が過ぎたけれど、全体では日本軍はまだ揚子江岸から三キロメートルほどのところを進んでいるにすぎない。

支隊長、幹部戦死でも衰えなかった士気（飯田支隊）

共同租界の東端に公大《クンダ》飛行場がある。日本軍にとって唯一の陸上飛行基地なのだが、その西北側に中国軍陣地があるため、使用できない。そのため日本軍の爆撃機は済州島や台湾や長崎から渡洋爆撃していたが、航続距離の短い戦闘機は何としても公大飛行場が欲しかった。

「公大飛行場を使用できるよう中国軍陣地を攻略せよ」

第三師団に命令が下っていたけれど、呉淞桟橋の中国の大軍だけで手一杯で、攻略するまでに至ってなかった。

豊橋歩兵第十八連隊は、八月二十五日に本動員が完了し、ただちに一部の先遣隊が広島に向かった。翌日、主力も豊橋駅を出発し、広島に着き、二十八日、宇品から乗船して、九月一日、揚子江河口に到着した。

このとき、公大飛行場周辺の中国軍攻略が改めて第三師団に下った。第三師団は、やってきたばかりの豊橋歩兵第十八連隊で支隊を編成して送ることに決めた。

豊橋歩兵第十八連隊第三大隊が選ばれ、ただちに速射砲、連隊砲、野砲一個中隊、工兵一個小隊で支隊が編成され、第三大隊長の飯田七郎少佐が指揮を執ることになり、飯田支隊と命名された。

九月二日、豊橋歩兵第十八連隊第一大隊と第二大隊は呉淞鉄道桟橋に上陸した。このとき、第三大隊は連隊主力と分かれ、上海に向かった。黄浦江を遡航し、五日午前八時、上海共同租界に上陸した。そこから公大飛行場を目指し、五日午前十時、上海紡績会社まで進んだ。ここで兵士は背嚢を軽い背負袋に代え、戦闘態勢に入った（地図②⑤参照）。

六日未明、上海紡績会社を出発、午前四時、滬江《ここう》大学まで進み、六時、飯田少佐は滬江大学の展望台に指揮所を設けた。

滬江大学と公大飛行場は西東に隣り合わせとなっている。その北を界浜《かいひん》港クリークが流れ、黄浦江に注ぎこんでいる。黄浦江と並行して軍工路が走っている。界浜港クリークと黄浦江と軍工路に囲まれたわずか一キロメートル四方に、四つのトーチカがあり、一万五千の中国軍が守っている。一帯は、一面葦《あし》が生える湿地帯で、守るに易く、攻めるに難しい。飯田支隊は大砲を持ち、クリークを渡るため工兵も付けてもらっている。さらに海軍の協力も得ることになっている。界浜港クリークと黄浦江の双方から進んで三つのトーチカを攻略、最後に何家宅《かかたく》にある第四トーチカを攻略する計画である。

午前六時、早速飯田支隊の第十中隊は滬江大学を出発、葦の生える中を進んだ。界浜港クリークを渡ったところでクリークに沿って西進し、軍工路のそばにある第二トーチカを攻める作戦であった。しかし、界浜港クリークは、幅一〇メートル、深さ二メートル、流れは早く、飛んでくる銃弾の中を渡ることはとてもできない。薄暮と干潮が重なった夕方、工兵隊が決死の覚悟で架橋作業に入り、幅五〇センチの軽仮橋を渡すことに成功し、第十中隊はクリークを渡った。

第九中隊と機関銃中隊は、午前六時三十分、界浜港クリークが黄浦江に注ぎこむ虬江碼頭《キュウコウまとう》に向かった。虬口碼頭から駆逐艦に乗り、黄浦江をわずかばかり下った江岸から上陸する。碼頭に向かう途中、第九中隊と機関銃中隊にも界浜港クリークから激しい銃弾が飛んできた。第一小隊が掩護に回り、クリークを挟んで銃撃戦となった。第一小隊が応戦している間、第九中隊と機関銃中隊は碼頭まで進んで駆逐艦「楓《かえで》」に乗ることができたが、第一小隊は全滅するほどの犠牲を出した。駆逐艦に乗った第九中隊と機関銃中隊は黄浦江を下り、午前八時、発動艇に乗り換え、碼頭北方の江岸に上陸した。

上陸した辺りには埠頭《ふとう》倉庫が並び、その中で中国軍は待ちうけていた。機関銃中隊が応戦、やがて雨が降りだし、雨中の戦いとなったが、午後四時、とうとう第九中隊は埠頭一帯を確保した。

展望台から戦闘状況を観測していた飯田支隊長は、午前七時、虬江碼頭からさらに攻めることにし、予備隊としていた第十一中隊と共に中国軍陣地を攻撃し、早くも第一のトーチカを占領した。

翌七日、北寄りに上陸して橋頭堡を築いた第九中隊は、午前七時から攻撃に移ったが、中国軍の反撃が強く、ほとんど進むことができない。次々犠牲者が出て、やがて中隊長自身も手榴弾を受けて片腕を失い、さらに銃弾を受けて戦死した。

四個中隊のうちの最後の第十二中隊は、八日朝、飯田支隊長らが上陸した地点に上陸し、一気に進み、午後二時、十数倍の中国軍を圧倒して第三のトーチカを占領した。しかし、第十二中隊長は頭部貫通の銃撃を受けて戦死した。

狭い湿地帯のいたるところで激しい戦いが演じられた。どちらが先に根負けするか、という戦いだ。

最も早く行動して界浜港クリークに沿って進んでいた第十中隊は、八日午前十一時、迫撃砲一個中隊の協力を得て、十二時、第二トーチカを占領した。

飯田支隊長と共に上陸していた第十一中隊は、最も堅固な第四トーチカに向かっていた。八日午前十一時、第四トーチカの近くまで肉薄したが、中国軍の反撃は強烈で、第十一中隊長は、機関銃の弾幕を浴び、胸部貫通で戦死した。それでも中隊の攻撃は止まず、正午過ぎには第四トーチカの二〇〇メートルまで進んだ。進んだけれど、中国軍の銃撃の前に中隊は釘づけとなった。第四トーチカは軍工路を越えたところにあり、その軍工路の下に中国軍は地下室のような部屋を作り、コンクリートで固めて、銃眼を開け、そこから撃ってくる。攻めきれないまま夜になり、第十一中隊はいったん前日七日の線まで引きさがることにした。

三日間の戦いで、飯田支隊は四つのうちの三つのトーチカを占領した。公大飛行場の西北に広がる中国軍陣地のほとんどを確保し、最も遠くにある第四トーチカの一角を残すだけとなった。

これでようやく公大飛行場が使用できるようになったのだ。仕上げの整地が済めば、戦闘機が飛びたつ。軍工路はまだ中国軍が確保しているが、第四トーチカとともに日本軍が確保すれば、呉淞と上海の交通は確保される。わずか三日で、千数百名の支隊のうち戦死傷者二百という犠牲者を出したが、ほぼ目的は達せられるところまで来た。

この八日夜、第四トーチカ方面に追いつめられていた中国軍およそ二百名が反撃してきた。日本軍のいない北から迂回して、黄浦江岸に向かい、戦死者や戦傷者を収容していた日本軍の建物を襲った。そこにいたのは武器を持たない輜重《しちょう》兵百五十名で、輜重兵は周りにある武器で応戦した。このとき飯田支隊長は初日に上陸した黄浦江岸にいて、中国軍の襲撃はただちに支隊長に報告された。隷下の四個中隊はすべて自分たちが確保した陣地で夜襲を警戒し、動けない。最も近くにいる第九中隊に伝令が向かった。伝令は戻ってこない。支隊長の周りにいるのは副官以下約二十名だけで、支隊長はその二十名を引きつれて自ら直ちに救援に向かった。

翌九日になって、第九中隊が向かい、建物から二〇メートルほどのところに倒れている支隊長を発見した。銃弾が支隊長の頭部を貫通していた。下半身には手榴弾を受けた跡があった。血まみれの右手は抜き身の刀を握っていた。近くに副官以下も倒れていた。飯田支隊は支隊長と幹部を失ってしまった。にもかかわらず士気が衰えなかったのは驚嘆に値する。

この日、第十一中隊は何家宅にある第四トーチカの攻撃に改めて向かった。中国軍の銃撃は激しく、前日代理についたばかりの中隊長も戦死したほどで、第十一中隊の持っている銃弾をすべて撃ちつくすほどだった。しかし、午後三時、海軍機の爆撃に続いて砲兵が第四トーチカを狙い、午後四時、第十一中隊が突入して、やっとのことで占領できた。

四日間の戦いで、飯田支隊長をはじめ、四名の中隊長のうち三名が戦死し、多数の犠牲者を出した。しかしこの奮闘により、公大飛行場が使えるようになっただけでなく、軍工路を確保することができ、公大飛行場から呉淞にかけての敵を牽制し、さらには大場鎮前の陣地である江湾鎮への攻勢も取れるようになった。

この勝利は指揮官級が先頭に立ち勇敢に戦ったことによるもので、飯田支隊への感状は松井石根軍司令官から第三師団長に話があったほどで、まもなくして、戦死した飯田七郎少佐はじめ飯田支隊として戦った各隊に感状が授与された。

第四トーチカと軍工路を占領した飯田支隊の士気はその後も衰えず、抵抗する敵を追った。十日、海軍の三十機が公大飛行場を使用しはじめた。しかし、飛行場には銃弾や砲弾がしばしば飛来し、発着時を狙った中国軍の銃撃もあり、円滑な出撃はまだできないでいた。そこで飯田支隊は、飛行場のさらに西側の陣地にいる敵を求めて出撃した。

戦力半減、一日百メートルの前進（名古屋歩兵第六連隊）

呉淞《ウースン》鉄道桟橋に上陸して一週間ほどすると、桟橋周辺一帯の中国軍の攻撃はそれまでほどではなくなったように感じられた。

岐阜歩兵第六十八連隊が呉淞鎮へ向かってから、呉淞桟橋に残る日本軍は名古屋歩兵第六連隊だけとなった。第二大隊がクリークを越えた周家宅付近、その南の第一大隊は紀家を中心としたクリーク手前一帯、第三大隊はさらに南の、黄浦江に沿った鉄道と軍工路の間で中国軍と対峙《たいじ》していた。

名古屋歩兵第六連隊は、応急動員されたため、本来四個中隊からなる一個大隊が三個中隊のままで出征したのだが、第四、第八、第十二中隊は予備役を中心に編成され、前日の三十日に上海へやってきた。そのほか補充兵や馬匹も到着して兵力は増強された。しかし、十日ほどの戦いで名古屋歩兵第六連隊は既に一六パーセントが戦死傷し、これまでのような攻撃力を失っていた。

同連隊が対峙している中国軍は、クリークで待ちうけていた上、その後方三〇〇から四〇〇メートルには第二線陣地があり、さらにその後方にも砲撃陣地を持っていた。主力は第八十八師と教導総隊で、ともにドイツ軍事顧問団の指導を受けてきた精鋭である。

第八十八師は、五年前の第一次上海事変では廟行鎮で日本軍を苦しめた。師長の孫元良は、そのとき第八十八師の副師長として戦い、今回は、八字橋で特別陸戦隊を攻撃、上海派遣軍が上陸すると、呉淞にやってきた。教導総隊は、中国軍のモデルとして編制された部隊で、隊長の桂永清から一下士官まで、ことごとく選抜された者である。桂永清は、ドイツ歩兵学校を卒業した俊英で、急遽、南京から駆けつけてきた。名古屋歩兵第六連隊が苦戦するのも当然の相手だったのだ。

中国軍は、食糧の欠乏から士気が衰え、積極的な攻撃が弱まったとはいうものの、これまで通り夜襲は続き、江湾鎮からの砲撃も続いていた。九月一日には連隊本部に榴弾砲が命中した。二日、激しい争奪を繰り返してきた周家宅に、砲撃をともなって夜襲をかけてきた。四日には全線にわたって夜襲があり、翌日も繰り返された。

第一機関銃中隊の銃手は、四日の日誌に次のように記していた。

「五名の戦死者の火葬あり。しかし、この火葬で哀れなのは渥美少尉の首はなく、伊藤伍長の右大腿部以下行方不明（迫撃砲弾近くで破裂）で、各所を探せど不明。被弾付近の溜池の中まで隈《くま》なく見たが、水は朱に染まり、手にすくい見れば、肉片と戎衣《じゅうい》らしき糸がかかって来るのみ。火葬中立ち上る煙りを目標にしてか、めくら射ちのチェコ弾は藪の中へ飛び来り、ただ竹を倒して通り魔の如く過ぎ行くのみ」

名古屋歩兵第六連隊の攻勢はすっかり影を潜めていた。

その頃、岐阜歩兵第六十八連隊も宝山城を攻めあぐねていて、上海派遣軍司令部には、第三師団全体が積極性を欠いているように思われた。松井石根軍司令官は呉淞沖の軍艦から指揮を執っていたけれど、全軍の士気を鼓舞するため軍司令部を呉淞鎮に上陸させなければ、と考えてその準備を命じた。

松井軍司令官にとって、名古屋歩兵第六連隊は特別に思い入れのある連隊であった。

士官学校に入学した者は、卒業すると見習士官として隊付きを命ぜられ、その間に士官に進み、日々兵隊を教育し、兵隊と共に生活し、戦いとなれば兵隊を引きつれて戦場に赴く。このとき隊付きを命ぜられる連隊を自分の原隊といい、原隊を一緒にする将校は将校団を作る。士官学校に入った者にとって生涯忘れられないのがこの原隊で、将校団の将校は、先輩が後輩を指導し、後輩は先輩に教えを乞い、親しみ合う。

松井石根大将の原隊が名古屋歩兵第六連隊だったのだ。しかも松井石根は名古屋生まれであったから、名古屋歩兵第六連隊にはどの将校より思い入れがあったはずである。

松井石根が中尉に進んだとき、日露戦争が始まり、名古屋歩兵第六連隊の中隊長として出征した。出征とともに首山堡《しゅざんぽ》の戦いに加わり、大腿部に貫通銃創を受けた。士官学校を次席、陸軍大学校を首席で卒業した松井石根は、参謀本部勤務や海外への派遣が待っていたけれど、名古屋歩兵第六連隊には六年間も在籍した。

松井にとって歩兵第六連隊は、司令官として出征した今、頼りになる心強い連隊でもあったはずである。しかし、その歩兵第六連隊には積極的に攻撃する気力が見られない。松井石根にとっては不満であった。

六日、名古屋歩兵第六連隊が攻勢に出ることになった。黄浦江の上流では公大飛行場を確保するため飯田支隊が戦っており、名古屋歩兵第六連隊は、対峙している中国軍に揺さぶりをかけ、それによって少しでも飯田支隊を支援するよう、命令が下ったのである。連隊はただちに準備に入った。

この一大攻勢には野砲一個大隊が支援することになり、野砲大隊は、七日未明から、黄浦江上流の中国軍を砲撃、七時になると中国の第二線を砲撃、九時五十分、クリークの南方を砲撃した。砲撃の後、名古屋歩兵第六連隊は攻勢に出た。

第一大隊はクリークを渡って戦った。第四中隊長が戦死するほどの激しい戦いがここでも繰り広げられた。第二大隊も拠点の周家宅から打って出て、前方にある第二線陣地を攻撃し、第七中隊の一上等兵が賞詞を与えられるほどの奮闘をした。

しかし、しばらくすると第二大隊の攻勢は止まり、中国軍の反撃を受けはじめた。まもなくして、飯田支隊と戦っている中国軍にある程度の打撃を与えたと判断され、攻撃は中止となった。第一大隊も夜になって攻撃を中止した。

この日の大攻勢で名古屋歩兵第六連隊は、戦死者百四十三名、戦傷者百四十七名、合わせて二百九十名の戦死傷者を出した。上陸以来、最も多い戦死傷者であり、上陸した日の戦死傷者百五十名と比べて、ほぼ倍である。

これまでにない多大の戦死傷者を出し、攻撃の効果はあったと名古屋歩兵第六連隊では考えられたが、大場鎮から南翔にかけての進出を目標にしていた軍司令部から見ると、前線の位置はほぼ変わりなく、「前日と変化なし」と映った。

第三師団は、昭和九年春から十一年春まで、二年間、満州の警備についていた。満州には多くの匪賊《ひぞく》や馬賊がいる。いつもは農民生活を送りながら、ときたま匪賊に変身して周りの農民を襲う者もあれば、略奪だけを生活の糧としている者もいる。そういった匪賊や馬賊から住民を守るため第三師団は派遣された。ソ連に対する警備も兼ね、初年兵への教育も行いながら、任務についた。

任務が終わって第三師団が日本に戻ってきたのは一年数か月前である。名古屋連隊の尉官や下士官には、匪賊や馬賊と戦った経験を持っている者が何人もいた。彼らの話によれば、匪賊や馬賊は日本軍の敵ではないという。実際、数倍の敵を相手に第三師団は戦い、ほとんど犠牲者もなく、勝利を収めることが度々あった。

上海に向かう艦艇の上で彼ら実戦経験者から聞いた話によれば、上海の中国軍もそれと変わりないということだった。二年前の満州派遣のような気楽なものになるだろうという話だった。

しかし、話と全く違うことは上陸した日にわかった。二日戦うとこの戦いはただごとではないと気がついた。上海の中国軍は、最新の兵器を手にしていて、戦い方から作戦までドイツ軍事顧問団の指導を受けていて機能的であり、満州や中国にいる匪賊や馬賊とまったく違っていた。

十日、第二大隊が再び攻撃に出た。めざすは第二線陣地である。七日同様に野砲第一大隊が支援し、さらに戦車一個中隊も加わり、周家宅から数百メートル先のトーチカに向かうことになった。午前五時五十分砲撃開始、六時に敵陣地へ突入し、逆襲する中国軍との戦いとなった。第五中隊長が戦死する激しい戦いとなったが、突入した一つのトーチカを何とか守り切った。

十一日、第二大隊は引き続き攻勢に入った。まだ残る第二線のトーチカに突入し、一つずつ確保していった。中国軍は次第に後退して、第二線陣地のうち、北より一帯は日本軍のものとなった。

この二日間の戦闘で、歩兵第六連隊はさらに戦死者二十四名、戦傷者七十二名を出した。

しかし、この戦いも「歩兵第六連隊は前日と変化なし」と軍司令部に受けとられ、第三師団長には改めて督励が出されたほどだった。

第二線陣地まで進んだけれど、黄浦江の桟橋からやっと千数百メートル進んだに過ぎない。上陸からすでに二十日経っており、平均すれば一日一〇〇メートルも進んでいないことになる。

上陸からこの日までの名古屋歩兵第六連隊の犠牲者は、戦死者五百三十八名、戦傷者五百八十三名、戦死傷者併せて千百二十一名となり、連隊全体の三割に達していた。戦死傷者が三割出れば師団の戦力は半減、五割で全滅、と日本の陸軍では言われていた。それからすれば、歩兵第六連隊の戦力は半減していたのである。それほど中国軍も強く、必死に日本軍と戦ったということである。

名古屋歩兵第六連隊は奮戦しているけれど、軍全体の作戦からすれば、一個連隊をいつまでも膠着《こうちゃく》した戦線に釘づけにしておくわけにはいかない。そのため、名古屋連隊が対峙している戦線には後備歩兵大隊を持ってきて防衛に当たらせ、名古屋歩兵第六連隊をもっと活用する案が考えられた。

ちょうど飯田支隊が公大飛行場の周囲を確保したところである。

その中国軍を追撃して呉淞から上海に通じる軍工路を確保し、軍工路から西進しなければならない。

第五旅団長の片山理一郎少将を長とした片山支隊が編成されることがこの日決まった。名古屋歩兵第六連隊を中心に、重砲一個中隊、野砲二個大隊で支隊を編制し、指揮官を失った飯田支隊の残存兵力もこの支隊下に入れる。直ちに準備が始まった。

楊行鎮の戦い（静岡歩兵第三十四連隊）

陸軍では毎年八月に定期異動が行われる。この年（一九三七年）の夏も大幅な異動があった。連隊長も多くの異動があり、静岡歩兵第三十四連隊でも連隊長が代わった。歩兵第三十四連隊長として新たに任命されたのは加藤守雄大佐であったが、病気入院のため赴任が遅れ、そうこうするうち連隊に動員命令が下ってしまった。連隊長を欠いたままでは出征もできず、急遽、新たな連隊長が任命されることになった。あわただしく動員作業が行われている七月二十四日、田上《たのうえ》八郎大佐が赴任してきた。

静岡歩兵第三十四連隊は、名古屋歩兵第六連隊や岐阜歩兵第六十八連隊と違って本動員が行われ、戦時編制通りの三千八百名となって出征した。そのため応急動員の連隊から一週間遅れて八月二十六日に営門を後にした。三千八百名の将兵を見送ったのは、営門近くに建立されている橘大隊長の銅像である。橘周太少佐は、静岡歩兵第三十四連隊の大隊長として日露戦争に出征し、首山堡の攻撃で戦死した。そのときの勇敢な指揮ぶりは歩兵第三十四連隊の名前とともに、たちまち全国に知れわたった。橘大佐の銅像に見送られて歩兵第三十四連隊が静岡駅に向かうと、名誉ある連隊の出征を送ろうと、営門から静岡駅までの道路は人で溢れ、旗が振られ、万歳が叫ばれた。どの将兵も、自分の連隊を晴れがましく思い、感動した。

静岡駅で列車に乗った静岡連隊は、広島まで列車で進み、宇品港で輸送船に乗り換え、九月三日、呉淞沖に到着した。

本動員となったもう一つの豊橋歩兵第十八連隊は、既に九月一日呉淞沖へ着き、二日午後には呉淞桟橋へ上陸していた。

豊橋連隊は呉淞クリークを渡って呉淞鎮に向かい、岐阜歩兵第六十八連隊と呉淞クリークとの間に入り、西進することになった。

静岡歩兵第三十四連隊は、呉淞沖で二日間待機した後、五日朝、呉淞鎮に上陸した。呉淞鎮にはまだ岐阜歩兵第六十八連隊がいて、静岡連隊が上陸するだけの余地がなかったのである。

上陸地点は、岐阜連隊が制圧したといっても、まだまだ流れ弾が飛んでくるようなところだった。水辺には日本軍の上陸部隊が脱ぎ捨てた救命胴衣が散乱していて、中国軍の死体が岸といわず通りといわず横たわっている。死体は腐乱し、死臭が鼻をつき、上陸してきた兵の目をそむけさせた。

この日上陸した輜重兵は日誌にこう書いた。

「砲声、実に曲金《まかりかね》（静岡）の花火より盛んに聞こえ、船の近くにも砲弾落ちるも面白き。歩兵より上陸を始め、我々の上陸は午後五時頃なり。砲弾、小銃弾は前後左右、ところ嫌わず落ちきたり、この分にては、とうてい一週間は命なきものと覚悟す。呉淞の町ことごとく弾跡、一家として満足な家なきには驚かされた」

「午後七時半、六十八連隊の輜重兵と会い、話し合うこと、ものの三、四分。この友軍は二十八日上陸、多数の犠牲者を出したとのこと。我々は身を安全な地に置くことが、一時もできず、常に弾はピューン、ピューンと頭の上、身の横を通っている。そのうち戦傷者、死亡者を担架に乗せて四十数名、自動車にて運ぶ有り様を見て、我々もと思わされた」

上陸早々、戦場がいかに厳しいか思い知らされた。

豊橋連隊と静岡連隊の二つの連隊は、呉淞鎮から西進、一五キロメートルほど先の頤家宅《いかたく》、劉家行《りゅうかこう》を目指すこととなった。

早く上陸した豊橋歩兵第十八連隊がまず動きだした。呉淞鎮から一キロメートルほど西進すると、クリークが流れている。四日、豊橋連隊はそのクリークをはさんだトーチカを攻撃、五日、さらに一キロメートル先の四塘《しとう》クリークまで進んだ。夕方、砲兵の援護のもと、仮渡橋を渡って四塘クリークを越えた。

四塘クリークを越えると、呉淞クリークに沿うように西進した。

静岡連隊は呉淞鎮に上陸すると、一旦師団の予備隊として呉淞鎮に止まり、七日になり第三大隊が前進した。続いて九日、第一大隊が進み、四塘クリークを越え、第三大隊が右翼、第一大隊が左翼となって態勢を整えた。第二大隊は師団の予備として残った。

既に前進している豊橋連隊は四塘クリークを越えて数キロメートル先を進んでおり、静岡歩兵第三十四連隊はその右側を並行するように進むことになった。名古屋や岐阜の連隊が戦い始めてからすでに十八日間が過ぎている。

クリークを越えると、前方には、白い花をつけた棉と、実りはじめた稲が一面に広がる。ところどころに柳が伸び、竹林があり、数百メートル間隔で部落が点在する。その部落は、すべてが掩蓋《えんがい》銃座となっていて、周りを流れる小さいクリークは日本軍に対する障害となっている。縦深陣地がどこまでも続く。

平坦な田畑を進むことは敵にとって格好の標的となる。兵隊たちは背嚢に代わって背負袋を背負い、戦闘しやすい軽装備となった。背負袋には、米と缶詰と二食分の乾パンに日用品という必要最小限だけを入れるが、射撃や砲撃が始まれば、ただちに穴を掘って、身を隠さなければならない。そのため必ずシャベルをくりつける。中国軍が毒ガスを使う恐れもあるので、防毒面も携帯している。

四塘クリークから五キロメートルほど進むと、幅数十メートル、深さ二メートルほどのクリークが流れ、それを越えたところに楊行鎮《ようこうちん》がある。

楊行鎮は、そこから北へ七～八キロメートルほどにある月浦鎮《げっぽちん》と、その月浦鎮からさらに西へ一五～一六キロメートルほど行った羅店鎮《らてんちん》とで一つの陣地を形成している。

鎮と名付けられているところは、日本でいう村や町のようなもので、宅や浜と比べて格段に大きい。城と宅の間といえようか。楊行鎮は、煉瓦壁に囲まれ、その中の家はどこも掩蓋銃座か砲座が備えられていて、町全体がひとつの大きな要塞となっている。頤家宅、劉家行を目指す二つの連隊にとって最初の障害である。

楊行鎮は静岡歩兵第三十四連隊の前方にあった。その前には、小さいクリークとトーチカがあって、行く手をはばんでいる。これらトーチカは左手まで伸びていて、静岡連隊の左手を進んでいる豊橋連隊はすでに七日から攻略に向かい、クリーク一つを越えるのに一日かかっていた。

九日夜、静岡連隊には、明朝を期して、楊行鎮前方の陣地を攻撃するよう命令され、第三大隊が右第一線、第一大隊が左第一線で攻めることになった。

静岡歩兵第三十四連隊の初陣である。十日午前七時、第一大隊が攻撃を始めた。土饅頭のような墓や小さいクリークの向こう側で中国軍が待ちかまえている。戦車中隊と共に進んだ中隊は午前中にクリークの前まで進んだ。連隊砲中隊と速射砲中隊を配属された中隊は、掩蓋銃座を砲撃、さらに大隊砲と機関銃中隊で射撃したうえ突撃した。夕方には楊行鎮の前を流れるクリークまで前進した。

一方、第三大隊は、午前八時三十分、前進命令が下った。大隊砲と機関銃中隊が付けられ、これも砲撃の後、機銃で制圧しつつ、突撃した。夕方には第三大隊もクリーク前まで進んだ。

静岡歩兵第三十四連隊の緒戦はすばらしいものであった。

夜になり、中国軍が攻撃してきた。三回繰り返されたが、ここでも静岡連隊は砲撃で応戦して撃退、中国軍に壊滅的な打撃を与えた。

十一日、楊行鎮を攻略する日である。午前七時、楊行鎮に向けて砲撃が始まり、七時三十分、突撃が開始された。

前日、最も早くクリーク前まで進んだ第一大隊からは楊行鎮がクリークを越えた右手に見える。攻撃が始まると、中国軍の機銃掃射により犠牲者が続出した。砲撃で掩蓋銃座を叩くと、楊行鎮の後方にある陣地から砲撃してくる。九時三十分にクリークを渡るところまで進んだが、架橋材料の運搬が間に合わず、徒渉することになった。首までつかり、十時三十分にクリークを越えた掩蓋銃座の一角に突入した。突撃を支援した大隊砲も、分解搬送して運び、クリークに入り、第一線に追尾し掩護射撃を始めた。

第一大隊の前を流れているクリークは、第一大隊の右翼辺りで楊行鎮側に直角に曲がり、楊行鎮の街の中を流れる。曲がる辺りに一つの橋がかかっている。午後一時、一つの中隊が、戦車中隊の掩護のもと、橋のたもとまで進み、午後三時には橋を渡って、楊行鎮の前まで進んだ。楊行鎮の北側を攻めたのは第三大隊である。空からの爆撃と、榴弾砲の集中砲撃の後、第三大隊は機関銃中隊と共に進んだ。しかし中国軍も、砲爆撃の間はトーチカに隠れていて、日本の突撃が始まると直ちに銃撃を始める。第三大隊は地に伏せるか、匍匐して進むのが精一杯である。どうにかクリークの前まで進んだが、激しい銃弾を前にクリークを渡れない。発煙班が煙幕を張る間にクリークを徒渉して突撃することになり、午後一時五十分、発煙筒がたかれた。小隊ごとにクリークを渡り、楊行鎮の左翼陣地に突入した。陣地に飛びこむと、中国軍は手榴弾を投げてくる。格闘となる。犠牲者が次々と出たが、それでも陣地を奪っていく。

午後二時十分、楊行鎮の左翼陣地から中国軍は敗退していった。

第三大隊が楊行鎮の右翼、第一大隊は楊行鎮の左翼まで進んだ。しかし、楊行鎮正面の路上には塹壕と鉄条網があって、正面から攻め切ることができず、陥落させるまでは至らなかった。

この日だけで静岡歩兵第三十四連隊は五十六名の戦死者を出した。

十二日、午前六時三十分、楊行鎮に向けての集中砲火から戦いは始まった。今日こそはと、まず工兵が楊行鎮の街に通じるクリークに橋をかけるため進んだ。すると、クリークの前から中国軍は撤退している。日本軍の突撃を予想した中国軍は、最後は明け渡すことになるなら兵力を温存した方が得策と考えたのか、抵抗もせず楊行鎮から撤退を決めた。

午前八時、静岡歩兵第三十四連隊は楊行鎮に入城した。楊行鎮を目指して六日目であった。二十六丁のマキシム機関銃をはじめ多くの兵器を鹵獲し、戦場に遺棄された中国軍の死体は千七百八十名を数えた。

しかし、静岡連隊も戦死者百四名、戦傷者二百三十八名を出した。緒戦の三日間で、戦力の約一割を失ったことになる。

豪雨の中の陣地構築（片山支隊）

九月十二日、名古屋歩兵第六連隊は確保していた陣地を後備歩兵大隊に引き継ぎ、十三日、呉淞桟橋の徐家宅《じょかたく》にある連隊本部に集合した。戦死した倉永辰治連隊長の後任として川並密大佐が発令され、一昨夜、呉淞桟橋の連隊本部に着任していた。将校は桟橋の倉庫前広場に集められ、新しい連隊長の訓示が行われた。

名古屋歩兵第六連隊は、片山支隊の主力となって、呉淞《ウースン》桟橋から黄浦江を溯航し、公大飛行場手前の虬江《キュウコウ》碼頭《まとう》に上陸する。その後、市政府から江湾鎮にかけての中国軍を攻撃する。

その準備に追われていると、偵察将校から、

「飯田支隊と対峙していた中国軍は昨夜から退却を開始したもようで、市政府付近にも中国軍は見られない」

との報告が来た。飯田支隊と戦っていた中国軍は江湾鎮や大場鎮へ退却した気配である。退却したとなれば、ただちに追撃すべきである。午後零時三十分、片山支隊は船による移動を変更して、鉄道に沿って市政府方面に向かうことになった。呉淞鉄道桟橋の南寄りに残っている敵の掃討を第一大隊に任せ、第二大隊と第三大隊は直ちに淞滬《しょうこ》鉄道に沿って南下した。

そのころ、飯田支隊は軍工路を越えて市政府の南方まで進んでいた。そこで飯田支隊も敵が退却していることを知り、午後一時、追撃に移った。

淞滬鉄道に沿って七~八キロメートルで江湾《こうわん》鎮の町に至る。上陸以来、日本軍はここからの呉淞桟橋への砲撃に悩まされてきた。江湾鎮には大きいトーチカが築かれ、砲撃陣地があるはずである。江湾鎮から東にかけ江湾競馬場、復旦《ふくたん》大学と連なり、大学からやや離れた東方に上海市政府がある（地図②参照）。上海市政府は、租界の繁栄に対抗して中国政府が新しい官庁街を建設しようと、田畑の広がる郊外に建てたものである。まだ建てられたばかりで、田畑の中に市政府がポツンとあるだけで、周辺の開発と建設はこれからという段階だった。市政府付近だけでなく、片山支隊が行軍してきた呉淞桟橋から市政府にかけても、田圃と棉の畑とクリークが続いているだけである。

午後二時三十分、名古屋連隊は市政府の西方まで進み、江湾鎮に対する攻撃の準備を始めた。

十四日、前夜から降りだした雨が一日中続いた。雨の中、江湾鎮の前まで進んだが、堅固な陣地があると予想されるだけで、実際はどういうものか皆目わからない。名古屋歩兵第六連隊は、江湾鎮を正面に見て、右から左に、第二大隊、第三大隊と布陣し、第三大隊の左に新たに配属された飯田支隊を配置した。その上で敵情視察が行われたが、右翼方面では、淞滬鉄道を越えて中国軍が布陣していることがわかった。正面では、江湾鎮から競馬場、復旦大学にかけその前方にトーチカなどがある。

雨の中、片山支隊は陣地構築を進めた。夜になると、予想された通り、淞滬鉄道を越えた辺りから中国軍が攻めてきた。

翌日は豪雨となった。豪雨の中、敵情の偵察が行われると共に、陣地補強が行われた。この夜も鉄道線路を越えて中国軍の攻撃があった。

十六日になり、配属された重砲が江湾鎮と復旦大学を砲撃した。夜になると、昨夜とは別の、江湾鎮前方の敵から夜襲があった。

敵味方ともお互い攻撃に出るけれど、敵陣地に攻め入るまでは至らない。

戦場での食事は、各自飯盒炊爨《はんごうすいさん》するのだが、使えるのはクリークの濁った水しかない。周りのクリークには死体が浮いて、その死体を押しやって、戻ってくる前に、少しでも澄んだ水を汲みとる。その水で研いで、何とか炊くと、臭いのついたご飯であるが、何とかできあがる。中国軍と接近しているときは、煙が上がると中国軍の目標となるため、堅パンを食べるよう命令が出るけれど、クリークの水に濡れて、味のない、ふやけた固まりを食べることになる。

この日、片山支隊の左翼に布陣していた飯田支隊が本隊に復帰することになった。豊橋歩兵第十八連隊の主力は、呉淞鎮から西進し、頤家宅《いかたく》を目指して戦っている。飯田支隊は上海に着く早々、本隊と分かれて公大飛行場方面で戦ってきたが、半月ぶりに本隊に戻って戦うことになった。

十七日、この日も雨が続いた。呉淞桟橋に残って掃討を続けていた第一大隊が追及してきて、飯田支隊が抜けたところに入った。名古屋連隊の右翼には、これも追及してきた後備歩兵大隊が配置され、右翼を擁護することになった。

十八日、引き続き敵情偵察と陣地補強が行われた。江湾鎮を前にした陣地戦となる気配が高まってきた。

十九日、敵陣地には移動も見られるが、日本軍への攻撃が止むことはない。昼は敵情偵察と陣地構築、夜は夜襲への反撃、この繰り返しで、戦線は膠着した。松井軍司令官の日誌には「片山支隊方面変化なし」との記述が続くことになった。

二十四日、久し振りに第一大隊が復旦大学の東方から南方にかけて進出したけれど、大きな変化はなかった。

二十五日、第三師団の補充兵二千名が追及してきた。

名古屋第三師団では、豊橋と静岡の連隊が劉家行と頤家宅を目指して戦っている。上陸からひと月経ったが、黄浦江からいまだ一〇キロメートル足らずの地点を攻めているにすぎない。平均すれば、一日四〇〇メートルの前進でしかない。名古屋連隊の士気は衰えている。

大場鎮攻略は第三師団を中心にして行う予定であるけれど、補充兵が来たことを機会に士気を高揚させる必要がある。

予備隊となっていた岐阜連隊が劉家行と頤家宅攻略に第三師団に加わりだした。名古屋連隊も劉家行と頤家宅に向かわせることになった。

二十七日午後八時、名古屋連隊は谷川部隊と交代することになった。この夜、第一線の中隊は一個小隊を残して警備にあたらせたが、中国軍の夜襲はなかった。翌朝、各小隊は所属中隊に戻った。名古屋連隊は市政府付近に集合したうえ劉家行方面に向かうことになった。

頤家宅攻略

豊橋歩兵第十八連隊でも、動員のあわただしい中、連隊長が赴任してきた。八月の定期異動とともに、塩沢清宣大佐が連隊長に発令されたが、病気のため赴任できず、連隊が動員となったため、急遽、石井嘉穂大佐が発令された。

豊橋歩兵第十八連隊が戦闘を開始したのは九月四日で、さっそく五日、四塘クリークを越えたところで第五中隊長が戦死した。六日にはトーチカをはさんだ戦いで第一中隊長も戦死し、十七日にはこれもトーチカをはさんだ白兵戦で第二中隊長が戦死した。先兵であろうと、指揮官であろうと、危険であることに変わりなく、豊橋連隊でも下士官が中隊の指揮を執ることがめずらしくなかった。

トーチカは制圧しても制圧しても次から次に現れる。トーチカに近づくと、突然、チェコ製の軽機関銃の掃射が始まるのも同じだった。バサ、バサッと音がしたかと思うと、棉の白い花が飛び散る。竹林の竹が一本残らずへし折られる。匍匐前進のほかに道はない。

四塘クリークを出発したときは暑い盛りで、兵士は喉の渇きに苦しんだが、九月十三日に雨が降り、いったん降りはじめた雨は五日も続き、今度は雨の冷たさに兵士は苦しんだ。

十五日、予備隊となっていた岐阜歩兵第六十八連隊第二大隊が豊橋連隊の左翼に加わり、翌日、飯田支隊として上海で戦っていた第三大隊が順次戻りだし、また豊橋からやってきた補充要員も加わりだした。戦力は強化されたのだが、兵士の疲れは増し、中国軍の反撃もすさまじく、四塘クリークを発ったころは一日平均八〇〇メートル進んだものが、今や四〇〇メートルまでに落ちだしていた。

前進がはばまれると、戦死者が荼毘に付される。どの将兵も認識票を体につけている。連隊の番号と、名前の代わりとなる番号を彫ったもので、真鍮《しんちゅう》でできている。この認識票を紐を通して体に結び付け、たとえ頭が吹きとんでも、誰の遺体かわかるようにしてある。歩兵第十八連隊では、火葬が多いときは朝から行われ、何十体と荼毘にふされる日もあった。

劉家行と顧家宅の前には潘涇《はんけい》クリークと荻涇《てきけい》クリークが流れ、その間が中国軍の縦深陣地となっている。豊橋歩兵第十八連隊の目指す顧家宅にあと一キロメートルと進んだ辺りで、戦いが激しくなった。

第二中隊は、連日、敵陣地への突撃を繰り返し、九月十七日、中隊二百名のうち、生き残った者は五十六名、しかもそのうち戦い得る者はたった十七名となった。それでも戦いは続けられ、翌日午後に再び突撃、夜中過ぎに前線を下げたとき、五十六名のうち、戻れた者は二十三名で、三十二名が戦死していた。

第二中隊だけではない。第三大隊は、飯田支隊として戦い、四人の中隊長のうち三人を失い、一息入れることなく戦線に加わったのだが、加わった直後、代理を務めていた第十二中隊長代理も戦死した。

石井嘉穂連隊長も左腕の前膊《ぜんはく》貫通銃創を受けた。

上海の中国軍は北京や天津の中国軍とは明らかに違っていた。

中国軍は中央直系軍、中央傍系軍、地方軍の三つに分けられる。蔣介石が国民党の実権を握るようになると、蔣介石が指揮する軍隊は、近代的な武器で装備し、ドイツ軍事顧問団の指導を受けた。これが中央直系軍である。蔣介石と覇を競った李宗仁や白崇禧《すうき》なども直接指揮する軍隊を持っていて、これらの軍隊も訓練が行きとどいて精強で知られていた。これらは蔣介石からは独立していたが、蔣介石と何度か戦った後、中央軍として組み込まれ、中央傍系軍といわれるようになった。この部隊もドイツ顧問団の訓練を受け、より精鋭になっていた。このほか、蔣介石とつながりがなく、地域ごとに独立していた軍もあった。察哈爾《チャハル》省の宋哲元、山西省の閻錫山《えんしゃくざん》、山東省の韓復榘《ふくく》らの地方軍である。これら軍隊は、装備が古く、軍紀も乱れがちで、依然として蔣介石の指揮には従わず、独自の動きをしていた。

中央軍と地方軍の実力には大きな開きがあり、北京や天津で日本軍が戦ったのは宋哲元の地方軍であり、同じ中国軍といっても、上海の中央軍と比べてだいぶ質が低かったのだ。

二十一日、岐阜歩兵第六十八連隊の第一大隊と第三大隊が第三師団の右翼に加わった。豊橋連隊の兵力は落ちたけれど、それを補って日本軍は攻勢を強めていった。

兵力を増やした第三師団は、頤家宅と劉家行に向かって進み、十月二日、ついに豊橋歩兵第十八連隊が荻涇クリークを越え頤家宅を落とした。静岡歩兵第三十四連隊もこの日劉家行を攻め落とした。

呉淞桟橋上陸からひと月、四塘クリークから攻撃を始めてから二十五日、一〇キロメートル強を進むためこれほどの日時を要したのだ。その間多くの犠牲者も出していた。豊橋歩兵第十八連隊第七中隊は、編成されたとき、百九十四名だったが、九月二十八日の段階で、三十名の補充員を受け入れても、なお中隊の兵力は百余名だったという。つまり百二十名も失ったことになる。ひと月で中隊の兵力は三分の一になり、それでも彼ら若者は、また戦場に向かわなければならなかった。

羅店鎮南方の戦い（第十一師団）

上海派遣軍司令官松井石根大将にとって第十一師団も縁のある師団である。中将に進んだ昭和四年から一年間師団長を務めた。また、麾下《きか》の高知連隊では、支那通として期待を寄せていた和知鷹二大佐が連隊長に就任し、心強さを感じていた。上陸から羅店鎮攻撃までの六日間、第十一師団はそうした松井軍司令官の思いに十分応えたのである（地図⑤参照）。

羅店鎮を落としたとき、高知連隊と松山連隊は、退却した敵を追撃するため、態勢を立て直すことになった。

そのころ、中国軍では、羅店鎮から劉家行にかけ第十五集団軍が編成され、蔣介石子飼いの陳誠が司令官に任命された。

事変が始まったとき陳誠は華北区中路副司令官だったが、上海戦線が拡大した八月二十二日、上海方面で指揮を執るよう命令され、二十八日、上海市街地から六〇キロメートルほど北西にある太倉に到着、二十九日から第十五集団軍の指揮を執りはじめていた。

これまで、上海地区の指揮は張治中が執っていたが、上海派遣軍が上陸して戦局が拡大したため、浦東《ほとう》方面は張発奎、羅店鎮方面は陳誠が集団軍司令官として指揮することになったのである。

陳誠が指揮を執りはじめた二十九日、さっそく中国軍は嘉定から二万ほどの兵力を羅店鎮に送ってきた。二万の中国軍は、退却した中国軍と入れ替わるように羅店鎮まで進み、日本軍と対峙し、隙があれば攻撃に出る姿勢を示した。羅店鎮を攻略した翌日のことで、松山歩兵第二十二連隊と高知歩兵第四十四連隊は退却する中国軍を追撃に移る機会を失った。

羅店鎮を攻略するとき、日本軍は南東にあるトーチカを拠点にしていたが、中国軍はそこにも入りこんできた。入りこんだだけでなく、トーチカを強化し、羅店鎮の東南五〇〇メートルから七五〇メートルにある陣地を押さえてしまった。

九月三日になると中国軍は羅店鎮の南端まで現れ、日本軍の右翼を包囲する姿勢さえ見せた。羅店鎮そのものにも中国兵が見られるようになり、日本軍の攻勢はまったく失われてしまった。

中国軍が入り込んだトーチカに対しては、砲撃で制圧するのが一番だが、歩兵砲や連隊砲ではびくともしない。重砲で攻撃するしかないが、クリークと泥濘《でいねい》がじゃまして重砲を進められず、数日が経ってしまった。日本軍は羅店鎮を攻略していたときのような攻勢が消え、陣地戦に追いこまれてしまった。

八日になると、中国軍は砲兵を増強し、空爆も始め、攻勢を強めてきた。「敵を追撃して嘉定を目指せ」という上海派遣軍司令部の命令は昔の話となっていた。

中国側の攻勢に日本軍も手を拱《こまぬ》いていたわけでなく、九日朝には機関銃一個中隊を送り、嘉定とその東方への空爆も行われた。

しかし、堅固な守備を前にしては攻勢に出られない。反対に、嘉定方面の中国軍から15センチの加農砲《カノン》が砲撃してきて、それへの防衛に力を注がなければならない。

十二日になると、月浦鎮を落とした徳島歩兵第四十三連隊と丸亀歩兵第十二連隊が羅店鎮攻略に加わるようになった。

しかし、中国軍のトーチカは揺るがない。敵情を視察するため陣地から顔を出せば、直ちに狙い撃ちしてくる。敵情を探ろうにも場所を変えなければならない。最前線ではそれほど緊張した場面が続いた。

十五日、羅店鎮の東側にあるトーチカを日本軍が攻め、その日本軍を中国軍が撃退しようと、それぞれ攻勢に出た。日本軍はクリークを越えてトーチカを手中にしたが、トーチカは羅店鎮から七〇〇メートルほどのところで、全体から見ると羅店鎮の線からはほとんど進出していないといってよかった。

その頃、近くで丸亀連隊の第十中隊長が瀕死《ひんし》の重傷を負った。この中隊長は最近まで満州で匪賊討伐に従事していた。部下に抱きかかえられると、目を細く開け、声もたえだえに言った。

「おれはもう駄目だ！　とうとうやられた、中隊長の認識不足、いまの支那兵は匪賊とは違う。強い、死ぬなよ、死んだらおしまい、お前らは死ぬなよ、最後まで死ぬなよ」

まもなく、中隊長は部下のひざの上で亡くなった。

日本軍は次第に焦燥感にとらわれだした。

同じ頃、上海派遣軍の大西一参謀が松山連隊本部を訪れた。軍の参謀が前線の指揮所を訪れるのは、作戦命令に書かれていない司令部の考えを伝え、反対に、前線の実情を十分に把握して司令部に報告し、司令部と前線の意思疎通をよくするためである。

大西参謀が永津佐比重連隊長のもとに行くと、連隊長はいきなり大西参謀の参謀肩章を引きちぎるようにして、

「お前は何のため参謀肩章を吊っておるのか！」

と血相を変えて怒鳴った。あっけにとられた大西参謀がしばらくして、

「何かあったのですか」

と聞くと、中国軍の手榴弾は全部破裂して日本軍に損害を与えているが、日本の手榴弾は不

発弾が多いとわかった。

この八月、永津佐比重大佐は松山の連隊長となり、大西一大尉は上海派遣軍の参謀となったが、それまで二人は、参謀本部第二部支那課で課長と課員という間柄だった。そのような上下の関係があり、爆発しない手榴弾が続出したため、このようなやり取りとなったのだが、より大きい原因は日本が苦戦に追い込まれていることにあった。誰もがあせっていたのだ。

九月十八日、ようやく第十一師団の四個連隊が羅店鎮に揃った。

羅店鎮の西方五〇〇メートルほどの地点から南東にかけ、五キロメートルにわたってトーチカが並ぶ。日本軍はこれを第一次進出線と呼んだ。さらに西一キロメートルの地点からも、第一次進出線と並行するようトーチカが五キロメートルほど連なる。これを第二次進出線と名付けた。二十日、高知連隊と徳島連隊が右翼、丸亀連隊と松山連隊が左翼となってこれらトーチカを攻撃することが決まった。

しかし、その前にもいくつかのトーチカがあり、まずこれらから攻略しなければならなかった。四個連隊が勢揃いしたといっても、丸亀連隊はコレラに罹った将兵が多く、戦力が員数分増えたわけではなかった。

コレラはもともと宝山城内に蔓延《まんえん》していた。それが城内に突入した日本軍に伝染した。感染すると、手足がしびれだし、やがて嘔吐と下痢が起こって脱水症状となる。顔色はたちまち暗褐色となり、眼孔がくぼみ、骨が浮きでて、面相はすっかり変わる。さらに進むと、精神が冒され、徘徊《はいかい》して、死亡する。戦場での応急処置としてはリンゲル注射しかなく、手当が早く体力があれば助かるが、飲まず食わずで戦って体力を落としていた兵隊は次々と亡くなった。

丸亀連隊では、コレラに罹った兵隊とほかの傷病者を引くと、戦力として数えられるのは九百三十名にすぎなかった。多度津港を出たときの三分の一に満たない。

二十一日、ともあれ早朝から攻撃が始まった。右翼がよく攻め、特に高知連隊の前面で進展が見られた。

高知連隊が攻めていた中に白壁の家と呼ばれる陣地があった。羅店鎮の南端からわずか一五〇メートルほどにあり、もともとは火葬も行われていた斎場である。羅店鎮を攻略したとき、同時に白壁の家も占領することができたのだが、占領する前に中国軍が兵力を送り込んで確保し、守備するだけでなく、ここから打って出るようにもなった。

白壁の家は、四方を一〇〇メートルの白い壁で囲まれ、煉瓦からなる壁は厚さ一メートル、高さが五メートルほど、歩兵砲で撃ってもびくともしない。高知連隊は八月下旬から一個大隊を当てて攻撃していたが、壁には銃眼が穿《うが》たれ、その前には幅四メートルのクリークが横たわっていて、近くにも進めなかった。壁の周りには鉄条網と対戦車壕があり巨大で強力なトーチカとなっている。空から爆撃すると、中国兵は地下壕に逃れるので、これも効果はなかった。

この銃眼から撃ってくる機関銃に日本軍は悩まされていて、ここを落とさなければ第一次進出線までも進めない。

十九日、七〇メートルほどの二本の地下道を掘り、白壁の三〇メートル手前で縦穴をあけ、その穴から出て爆薬を仕掛け、白壁を爆破する方法が取られることになった。

地下道掘りは、工兵隊に任せるだけでなく、第一大隊も加わった。中国軍に発見されないよう掘り出した土は夜間に捨てる。途中、坑道が水びたしになり、土砂が崩れて生き埋めになりかけたこともあったが、何とか切りぬけ、四日目の二十二日昼過ぎ、二本の坑道が白壁の三〇メートル手前に口を開いた。ただちに爆破決死隊が募られ、白壁の家攻略が決行されることになった。

爆破決死隊は、隊長以下、四人の煙幕班と十五人の破壊班からなった。決死隊は戦友に別れを告げ、決死隊同士で成功を誓い杯を交わした。

二十三日午後零時四十分、重砲による砲撃が始まった。午後一時過ぎ、爆撃機が白壁の家後方にある陣地を爆撃した。続いて、戦車隊が白壁の銃眼を狙った。午後三時、決死隊が坑道を進んだ。煙幕班が最初に飛び出し、銃弾の来る中を死角内まで走って、発煙筒に点火した。白煙が上がって敵の視界が遮られると、破壊班が爆薬をかかえて坑道から躍りでて、鉄条網を斬って白壁へ向かい、直ちに爆薬に点火した。大爆発音が起こって、大地が揺れた。煙が消えると、白壁に二つの大きな穴が現れた。

突撃ラッパとともに、高知連隊の決死隊が突撃した。

周りのトーチカから銃弾が飛んできて、すぐに白壁の家に飛び込むことはできなかったが、午後四時四十分、ついに白壁の家に日の丸が揚がった。

二十日間もの膠着状態を作りだした白壁の家を占領した高知連隊は、二十四日、さらにその後方のトーチカを攻撃し、第一次進出線まで進むことができた。

しかし、ほかの連隊はまだ進めなかった。丸亀連隊は、第一次進出線にいたる前のトーチカで苦しんだ。右翼だけが進み、ほとんど進まない中央から左翼にかけて前線が歪曲する形となった。

高知連隊が前進の気配を見せても、ほかの連隊に進展はなかった。第十一師団はまったく攻めあぐねてしまった。

羅店鎮方面には十数個師約十万の兵力が送り込まれている。日本軍に苦戦を強いている陳誠は中国国民の喝采を浴びていた。日本軍に苦戦を強いているだけでなく、中国軍は羅店鎮を奪回しようと大攻勢をかけていた。

二十九日、丸亀歩兵第十二連隊長安達二十三《はたぞう》大佐が負傷した。

ほとんど前進もできずにいたこの日、安達連隊長は第一線に進み、民家の屋根に上って砲兵の観測将校とともに敵情を観察した。銃弾が飛んでくる中で敵情視察が終わると、歩兵と砲兵による共同の作戦会議を開くため民家に入った。そのとき、敵の砲撃が民家を直撃した。民家は崩れ、安達連隊長は負傷して近くの掩蔽壕《えんぺいごう》に担ぎこまれた。左大腿部に一〇センチの裂傷を負い、破片は大腿骨近くまで食いこんでいた。左側の頬と首と胸にも小さい破裂片が無数に当たっていた。緊急止血がほどこされたが、爆破で生じた埃《ほこり》で全身真っ白、周りも埃だらけという場所でこれ以上の治療はできず、破片を摘出するとかえって出血が増すかもしれなかったので治療はそこで止められ、連隊長はしばらく指揮を執った後、後送された。

その後も戦線にたいした変化はなく、膠着状態のまま九月が終わろうとした。

見渡すかぎり、荼毘に付す遺体を焼く煙が上がっている。九月末までで第十一師団は、上陸以来、戦死者千五百六十九名、戦傷者三千九百八十名、戦死傷合わせて五千五百四十九名を数えていた。第三師団の戦死者は千八十名、戦死傷者合わせて四千六百六十九名。八月は第十一師団の犠牲者が少なかったのだが、九月に入って立場が変わってしまった。

十月一日になり、攻め続けていた左翼がようやく進出してきた。

三日夜、中国軍は羅店鎮後方の嘉定から大攻勢をかけてきた。第二次進出線をうかがう態勢を見せていた高知連隊はこれを迎え撃ち、その勢いに乗って羅店鎮から嘉定に延びる道路の南側まで進出した。連隊長の和知鷹二大佐の積極果敢な指揮振りが連隊の将兵を奮い立たせた。

四日、高知連隊はさらに羅店鎮の西南まで進んだ。この日、左翼でも松山連隊が第一次進出線まで進んだ。しかし、中央は進出できず、前線は中央で二キロメートルの凹形《おうけい》をなす形となった。

五日、中央で戦っている丸亀連隊が中国軍の攻略を受けた。安達二十三連隊長の高潔な人格は日本軍内でもよく知られ、連隊内の兵士からも尊敬されていた。しかも、果敢な指揮を執ることでも知られていたから、軍司令官すらも奮戦を期待していたが、落ちた兵力ではいかんともしがたく、軍司令部では丸亀連隊の担当をほかの部隊と交代させることも考えるほどであった。

六日、右翼が第二次進出線まで進むと、それにつられるように中央も左翼もやっと前進し、第二次進出線を確保した。第十一師団は羅店鎮を守りきり、さらに進出拠点を確保したのである。

水産学校に置かれた司令部での松井大将。厳しい戦局に気の休まる暇はなかった（写真提供・毎日新聞社）

とはいえ、羅店鎮を陥落させてから第二次進出線に進むまで三十九日も要したことになる。羅店鎮から第二次進出線まではおよそ四キロメートル。平均すると一日に進んだ距離はたったの一〇〇メートルとなる。それほどの激戦がここでもくり広げられたのだ。

揚子江の上陸点から第二次進出線まではおよそ一〇キロメートル。ここまで進むのにひと月半かかっている。

第二次進出線から中国軍の一大拠点である南翔《なんしょう》や大場鎮まではまだ十数キロメートルある。これらを落とすために、これからいったい何日が必要となるのであろうか。

上海増派と石原部長の辞任

上海の戦いがただならぬことは上陸した

その日にわかった。激しい抵抗にあった第三師団は予定の地歩を確保できなかったし、上陸から五日目、松井石根軍司令官は陣中日誌に、

「此日迄《このひまで》に於ける師団の死傷は約五百を算し死者割合に多し」

と第三師団の状況を記した。

特別陸戦隊が戦っている上海の市街地では、派遣軍が上陸した日、全線にわたって中国軍が肉薄攻撃をしかけてきた。この日の攻撃を撃退すると、中国軍の攻勢は一時ほどではなくなったが、八月二十八日午後八時、再び北部一帯で攻勢に転じてきた。中国軍は深夜には陸戦隊本部の爆撃まで敢行した。

この日、第十一師団は羅店鎮、第三師団は殷行鎮を占領したが、羅店鎮は海軍陸戦隊が戦っている上海市街地から二〇キロメートル彼方である。依然として特別陸戦隊は数倍する敵と戦っており、薄氷を踏むような状態が続いている事に変わりはなかった。

増派の要請が起こったのは海軍の方からだった。派遣軍の上陸から八日目の八月三十日、軍令部第一課長の福留繁大佐から参謀本部第三課長武藤章大佐に、陸軍部隊を増派し速やかに敵を撃破するよう交渉があった。上司の命によるものだった。

上海派遣軍は揚子江岸にしばられており、居留民の安全が確保されたわけではない。海軍からさらなる増派を要請したのも当然だった。

翌三十一日、松井軍司令官は参謀総長に意見具申した。今度は陸軍の現地からの増派要請だった。

「現在の戦いからすると、最小限五個師団が必要であり、とりあえず第十四師団と天谷支隊を迅速に急派することが必要と判断される」

この日、上海の第三艦隊から軍令部にも、

「急速に増兵する必要がある」

との意見具申がなされた。

九月一日、軍令部第一部長の近藤信竹少将は改めて参謀本部第一部長の石原莞爾少将に増派を督促した。

陸軍は、盧溝橋事件以降、不拡大方針を立て、上海方面への派遣を考慮することはなかったが、昭和十一年の陸海軍協定で、上海で事態が起こった場合は二個師団を派遣することに決めており、特別陸戦隊が攻撃されたのを機に、第三師団と第十一師団が派遣されたのは、これまで書いた通りだが、二個師団というのも、当初の計画に従っただけで、敵情を考慮して決めた戦力ではなかった。

中国が上海方面を決戦場と定めていて、これほどの兵力を集中していたとは日本軍も予想していなかった。

不拡大を名目に派兵をしぶる石原部長に対して、部内からも批判の声が上がるようになった。石原部長と歩調を合わせ不拡大を主張してきた河辺虎四郎第二課長すら増派を進言するが、石原部長は聞き入れない。

九月五日、上海方面を視察中の参謀本部第一部第三課員西村敏雄少佐は、武藤章第三課長へ意見具申した。

「両師団への補充をし、さらに後備歩兵大隊、野戦重砲兵第十連隊一大隊を北支から速やかに転用するよう」

六日、軍令部総長から「上海の陸上戦闘は遅々として進まず陸軍兵力の増強が必要である」と上奏があったので、参謀総長が天皇に召された。ただちに参謀本部は検討に入った。石原部長一人が増派に反対していたが、もう大勢が許さない。とうとう石原部長も同意し、第九師団、第十三師団、第百一師団、台湾守備隊の増派を内定し、後備歩兵四個大隊を派遣する旨、上奏した。上海派遣軍の上陸からわずか半月で追加投入せざるを得なくなったのである。

九日、台湾守備隊、第九師団、第十三師団、第百一師団の動員が下令された。

台湾守備隊は十二日に台湾を出航、十四日、川沙口に上陸し、第十一師団の支援に向かった。

第百一師団は十八日神戸を出航、二十二日、呉淞から上海にかけて上陸、第九師団は、二十三日大阪出航、二十七日、呉淞から上海にかけて上陸、第十三師団は二十七日に神戸から出航、十月一日呉淞から上海にかけて上陸した。

増派の決定とともに、石原部長は参謀次長の多田駿中将に辞職を申し出た。参謀次長が慰留したため決定はみなかったものの、石原部長の気持ちに変わりはなかった。何度かの慰留が行われたが、二十七日、石原莞爾少将の辞職が決定、二十八日、新しい作戦部長が発令された。

◉第四章◉
日独防共協定と日本の抗議

1936年11月25日、日独防共協定調印式。サインする武者小路公共大使、その右がリッベントロップ外相（写真提供・毎日新聞社）

「これは日独戦争だ」

盧溝橋事件が起きると、ドイツから中国に渡る軍需物資を日本は見過ごせなくなった。軍事顧問団も四十六人を数えていた。

事件後、早速、ドイツ軍事顧問団長のファルケンハウゼンは保定の北支戦区司令部に向かっている。保定は、河北省のほぼ中心にあり、河北省の都市として北京、天津に次ぐ。古い歴史を持ち、ここに創設された軍官学校は蔣介石はじめ多くの領袖を輩出している。昔から要衝の地で、いまは堅固な陣地が築かれている。北京から保定に至る途中の永定、拒馬、大冊といった河に沿ってドイツ軍事顧問団の指導した機関銃座、砲座、トーチカ、鉄条網、対戦車壕などが構築されている。もちろん保定にも強力な陣地が構築されている。中国はここを一つの日本との決戦場と考え、日本軍も北支における一つの決戦がここで行われるだろうと想定していた。

日本は盧溝橋事件以前からドイツ軍事顧問団と軍需物資が気になっていた。満州事変が起こったとき、軍事顧問団の動きに神経を尖《とが》らせた。それから四年経つと、顧問団の存在以上に軍需物資が問題となった。昭和十一(一九三六)年四月八日、ドイツと中国の間で一億ライヒスマルクの借款条約が結ばれたのである。

その情報を把握したベルリンの日本大使館は、早速六月十二日、井上庚二郎参事官が抗議した。

「中国の軍備拡張に利用される恐れがある」

一週間後、武者小路公共《きんとも》大使も外務大臣のコンスタンティン・フォン・ノイラートに抗議した。しかし、どちらも日本が満足する答えは得られなかった。

ひと月後、再び武者小路大使が抗議した。

「ドイツと中国の借款条約ではあらゆる武器が中国へ供給されることになっている」

対して政治局長名での書面の回答があった。

「バーターによる取引で、その中には武器も含まれるが、ごくわずかである」

それでも、抗議が繰り返されるうち、ドイツ外務省は顧問団を引き揚げさせるため日本は武力行使をするかもしれない、と考えるようになり、ドイツ国防軍に圧力をかけることになった。

十月下旬になると、

「（ドイツ軍事顧問団が深く関与して）揚子江沿岸の防衛計画が進められている」

と武者小路大使が指摘、大詰めまで進んでいた日独防共協定が危ぶまれるほどになった。

ここに至ってようやくドイツからの軍備援助計画が一部修正され、昭和十一（一九三六）年十一月、日独防共協定は締結された。

といっても、その後ものらりくらりとしたドイツの対応に変わりはなかった。

このようなドイツの姿勢だったから、盧溝橋事件が起こると、改めて武者小路公共大使はドイツの武器輸出について抗議したのである。

ノイラート外相は、

「武器の輸出は停止するつもりだ」

と答えたが、実際はオランダ船でシンガポールのイギリス系会社に運ぶ形で武器が輸出され、輸出が止まることはなかった。

昭和十二（一九三七）年七月二十二日には柳井恒夫参事官が政治局長エルンスト・フォン・ヴァイツゼッカーに、

「依然としてドイツから中国へ武器輸出が続いている」

と指摘し、

「今後、中国に入ってくる武器類は没収されることもある」

と強く抗議した。

このときヴァイツゼッカーは、

「本来、武器引き渡しは（日独間の）話し合いとなるものでないが、（日中）両国間で戦争状態に近い状態が出現した以上、これ以上の軍需品引き渡しは停止されるだろう」

と返答した。

東京では、二十七日、陸軍大臣副官が駐日大使館のオイゲン・オット武官に抗議した。

ほかにも柳井恒夫参事官が、ナチスの外交顧問ヨハヒム・フォン・リッベントロップの秘書ヘルマン・フォン・ラウマーに電話で抗議した。このときラウマーはリッベントロップに会いに行くところだったので、柳井参事官は飛行場まで追いかけ、出発しようとする飛行機に乗り込み、ミュンヘンまでの機中で説明した。

二十八日、武者小路大使はヴァイツゼッカーと会った。武者小路大使が日本の行為を、

「中国での日本の行動は防共協定の趣旨に従ったものだ」

と述べると、ヴァイツゼッカーは、

「日本の行動は中国の共産主義勢力を強め、中国をソ連におしやることになる」

と日本の抗議を牽制した。

同じころ、軍事顧問団長のファルケンハウゼンは、

「この戦いは中国全土に拡大するだろう、中国が勝利するチャンスはかなりあり、日本が勝利をするためには軍の総力が投入されねばならず、それはソ連の態度から考えてとうてい不可能である」

と分析し、

「ゆめゆめドイツの国防大臣が日本軍の勝利を信じるようなことがあってはならない」

とした極秘報告書を駐華大使オスカール・トラウトマンに提出した。まだ北京では事変解決のための話し合いが行われていたのだが、話し合いが眼中にないような、いやむしろ日中全面衝突を望み、日本軍の方こそ戦争は楽観できないとする分析であった。

八月十六日、ヒトラー総統はブロンベルク国防大臣ならびにノイラート外相と協議し、

「基本的には日本との協力関係を維持するが、この日中紛争ではドイツは中立を保たなければならない。しかし中国向け輸出は、中国が外国為替ないし原料で支払い、しかもうまくカムフラージュできるかぎり継続する」

と述べた。ヒトラーの腹は、日本との友好関係を持続する姿勢を見せながら、これまで通り輸出を続けて利益を得るというもので、明らかな背信行為であったと思う。

この頃、駐独大使館付き海軍武官として大島浩陸軍武官と親しかった小島秀雄は協定の立役者である大島陸軍武官をひやかした。

「なんのかんのといっても、中国戦線ではドイツ陸軍と日本陸軍が〝戦争〟しとるじゃないですか。中国側にドイツの教官が入って蔣介石軍を指導しているんだから、それをやめさせないとおかしいじゃないですか」

大島武官はさっそく空軍元帥のヘルマン・ゲーリングへ、蔣介石に飛行機を売ることをやめるよう、強硬に申し入れた。ゲーリング元帥から返ってきた返事はこのようなものだった。

「ドイツは中国からタングステンを買っている、その交換で飛行機を売っている」

日本からの申し入れとはいえ止めることはできない、とはっきり拒否したのだ。これが昭和十一（一九三六）年に日本と防共協定を締結していたドイツのナンバー2の答えだった。

ドイツ軍事顧問団についても、日本は強く抗議した。柳井恒夫参事官は後にこう語っている。

「ドイツはさかんに中国に軍事顧問団を送って大いにやっていたわけですよ。日本としちゃあ、それは困るんです。防共協定はすでにおわかりのように軍事同盟じゃないんですけど、しかしこの協定の〝精神〟からいってこれは困る、と申し入れると、ドイツ側は、いや、精神に反するようなことはしておらん、とかなんとか言いましてね。

武者小路大使もそれをまあ、やかましく言い、大島さんも武官の立場から大いに弁じました」

大島陸軍武官も、ドイツ国防省を訪れ軍事顧問団について申し入れた。

「少なくとも個々の作戦に顧問団が積極的に関与することのないよう」

この申し入れにはドイツ国防省から、

「顧問団が実際の戦闘行為に加わってはならないという指令を改めて出すことにした」

と返ってきた。

七月二十七日、東京の陸軍大臣副官は、

「顧問団の存在がドイツに対する日本の感情を非常に悪化させている」

とドイツ大使館に申し入れた。

しかし、二十八日、ヴァイツゼッカーは駐日ドイツ大使ヘルベルト・フォン・ディルクセンに対して、

「顧問団を引き揚げることは中国に敵対することになり、中立政策を取るドイツはそれを実行しない」

と訓令している。

軍事顧問団についても、日本の抗議を斟酌《しんしゃく》する姿勢を見せながら「これまでと変わりなし」としたわけだ。

昭和十二（一九三七）年八月十三日、北京・天津一帯の戦火が上海に飛び火した。これまで見てきたように、中国軍が邦人を守る海軍陸戦隊を攻撃してきたのだ。

支那中央軍の高射砲隊。日本にはないドイツ製の最新の高射砲だった

戦いが始まるとドイツ軍事顧問団は、

「中国の友人を見捨てるようなことはできない」

という点で意見が一致した。ファルケンハウゼンは、必要と考えたところにすべて軍事顧問団員を送りこみ、前線にも団員を送った。

二十四日、大島陸軍武官は、東京の陸軍省から、

「ドイツの対中武器援助ならびにドイツ軍事顧問団の存在は、日本の対独感情を著しく悪化させている。善処せよ」

と改めて訓令を受け、リッベントロップを訪れた。

「ドイツは蔣介石一派を支持することを止めるべきだ。さもなければ、日本は防共協定から離脱せざるを得ない」

このとき大島武官は、日本は必ず勝利すると伝え、日独共同で中国の経済開発をやろう、ともちかけた。

対してリッベントロップは多少は日本に譲歩しなければなるまいと考えたが、ドイツ外務省は大島の恫喝《どうかつ》に洟《はな》もひっかけなかった。

東京の参謀本部では、

「軍事顧問団は上海付近の塹壕内で中国の師団に助言を与えている」

「団員は、義務遂行が怠慢だとして山東省の一軍閥を叱責した」

といったようなことを把握していて、ドイツ軍事顧問団にますます不満を持った。「支那事

変はドイツ戦争」と言う者も出ていた。

九月二十日ころ、「ドイツの教官が戦闘に参加して用兵を行った」という噂が流れ、改めて日本はドイツ軍事顧問団を問題にした。

上海派遣軍は八月二十三日に呉淞鉄道桟橋へ上陸したのだが、そのころ、同盟通信上海支局長を務めていた松本重治は、英国特使団員のエドモンド・ホール＝パッチとこんな話をしている。

「エドモンド、松井司令官の軍が、呉淞の敵前上陸に、予想以上の中国側の抵抗を受けている。それは、ドイツが送った軍事顧問のフォン・ゼークトやファルケンハウゼンなどが、『剿匪《そうひ》』事業のためばかりでなく、抗日戦のため呉淞地区に堅固なトーチカを造ったためなのだと、私は考える。おまけに、トーチカの利用のために、ドイツ軍砲兵将校数人がこんどの戦争に参加している、という噂まである。それがほんとうならば、こんどの上海戦争は、ある意味では日独戦争なんだよ。防共協定なんかをやっておきながら、ドイツの軍需商人はしこたま金を儲けた。そのあげく、日本軍がその犠牲になっているともいえる。おかしな話だよ」

中国側に立って戦っている実態は、上海の日本人記者にも知られていたのである。

ファルケンハウゼンは中国の軍服を着用してまで陣頭指揮し、事変で活躍した顧問団のうちの五人を表彰するよう蔣介石に提案もしていた。顧問団の一人フォン・シュメリング中尉は、第八十八師の歩兵大隊を直接指揮していて戦死した。第八十八師は上海にいる日本の特別陸戦隊を真っ先に攻撃した部隊である。フォン・シュメリング中尉は第一次世界大戦後のドイツ軍で最初の戦死者になったが、それほどまで顧問団は中国軍と一体になっていたのだ。

その後も、うまく立ち回ろうとするドイツの姿勢に変わりはなかった。

ディルクセン駐日大使は、ファルケンハウゼンが上海で作戦を指導していたことを知っていたが、「根も歯もない噂だ」と否定していたし、ノイラート外相は、十月十五日、程天放駐独中国大使に、「ドイツ軍事顧問団を引き揚げさせない」と保証していた。

十月末、武者小路公共に代わり、東郷茂徳が駐独大使に任命された。東京を発とうとした十一月、広田弘毅外相は、

「ドイツの将校派遣と武器売り込みが支那事変の解決を阻害するので、ベルリンに着いたらその禁止に努めてほしい」

と東郷大使に求めた。

日本軍が南京を占領した後の翌昭和十三年一月中旬、東郷大使はヒトラー総統に信任状を提示した。このときヒトラーは日本との親交を切言した。その後、二十分にわたり懇談する機会を得たので東郷大使は、

「日本とドイツの親交の場合、ドイツの中国における軍事援助を禁止する必要がある」

と釘を刺した。対してヒトラーは、検討を約束したが、禁止するとまでは言わなかった。

同じ一月、参謀本部からドイツに派遣された笠原幸雄少将は、軍事顧問団の引き揚げと武器売り込み禁絶を任務としていたのだが、早急の問題として、軍事援助打ち切りに集中してノイラート外相と懇談を続けた。しかし、日本の望むような返答はなかなか得られなかった。

ドイツの軍事顧問団と軍需物資について、日本は抗議を続け、ドイツは無下には断らないけれど、実態はこれまでと変わることなく中国から利益を得続けようとしていたのである。

ドイツの二股外交

日本の要望をドイツが拒否した理由は、ドイツと中国の経済的結びつきであった。この結びつきが日本の抗議を受け入れることを許さなかった。

昭和十一（一九三六）年の統計によると、ドイツが武器を輸出している国別で、中国は五七・五パーセントで圧倒的な第一位である。第二位が一〇・五パーセントのブルガリア、第三が六・一パーセントのトルコ。中国が飛び抜けていて、日本はわずか〇・五パーセントにすぎない。さらに、このときの金額は二千三百万ライヒスマルクだったが、事変が勃発した十二年には八千二百万ライヒスマルクへと急伸している。

中国側から見た貿易全体でも、ドイツはアメリカに次ぐ量を占めていた。

その頃ドイツは再軍備に追われていたが、そのための外貨は十分でなく、中国とのバーターは極めて重要だった。経済面にしぼれば、ドイツにとって日本の価値は中国の比ではなかったのである。

中国との経済上の強い結びつきは、そもそも軍事顧問団の働きかけから始まり、一九三三年に軍事協力が計画されてドイツ国防軍と産業界も深くかかわるようになっていた。

昭和十一（一九三六）年にそれがさらに進められた。

一月二十四日、軍事協力の中国での責任者とでもいうべきハンス・クライン元大尉が帰国してヒトラー総統にドイツと中国の軍事協力体制を報告した。

二月二十七日、軍事協力計画をさらに煮詰めるため、中国から訪独団がやってきて、ヒトラー総統と会見している。

このとき、国防大臣から三軍の総司令官に対して、ドイツの兵器製造工場を中国の訪独団に十分に見学させるよう命令が下った。国防省内にはこの中独軍事協力計画をあらゆる方法で促進させるよう命令が下った。

四月八日、訪独団とシャハト経済大臣兼国立銀行総裁との間に、一億ライヒスマルクの借款条約が締結された。それはこれまでの軍事協力計画の仕上げともいうべきものであった。

五月六日、再び三軍に、中国の要求をドイツ国防軍の物資調達計画に編入させるよう命令が下った。

五月十二日、今度は日本についての調査分析が三軍に命令された。

分析は、日ソ戦争がソ連に決定的な影響を及ぼすことはなく、むしろイギリスやアメリカとの戦争を誘引する可能性が高く、日本と同盟を結ぶことはドイツを戦争に巻き込む恐れがある、と結論づけた。日本より中国を選ぶ根拠づくりが行われたのである。

五月下旬、ライヘナウ中将がこれまでの計画を視察するため中国に向かった。

ライヘナウ中将は、三年前にブロンベルク大将が国防大臣に就任するのに与《あず》かり、ライヘナウ中将自身も国防軍の官房長に就任した。つまり、ブロンベルク―ライヘナウがドイツ国防軍の主流で、ライヘナウはさまざまな面で采配《さいはい》を振るうことになった。その一つが、中国との軍事協力を推進し、産業界をも巻きこんで中国軍備推進体制を作りあげることだった。一年前に官房長を去るけれど、そのときすでに国防軍と経済界とが中国と深くかかわる体制はできあがっており、その後の現状視察にライヘナウ中将は向かったのである。

このようにドイツと中国の軍事物資貿易を中心とした協力体制は、日本の立ち入る隙がないほどに作りあげられていたのである。

十一月になって日本との防共協定が締結された。

日独防共協定が締結されると、中国はドイツに説明を求めた。国防大臣ブロンベルクは蔣介石に断言した。

「ドイツと中国の協調と援助はこれまで通りだ」

駐華大使トラウトマンは本省から、これまで通りの親善関係が維持されると説明する権限を与えられた。

日本との関係を新たに築こうとしたドイツは、日本にも中国にも、納得する回答を与えなければならなかった。防共協定を締結したときからこの問題はくすぶっていて、盧溝橋事件の勃発はそれを顕在化し、さらに困難にしたのだ。

昭和十二（一九三七）年七月二十日、盧溝橋事件が起きて、武者小路公共大使から抗議を受けると、ドイツはマッケンゼン外務次官の名前で、十か所の在外公館に対し通告を出した。

「極東の紛争においては厳正な中立を守る意向である」

通告の中で、経済的利益と反コミンテルン政策にかんがみドイツは早期の平和解決を希望しており、ソ連は日本を軍事行動においやって弱体化させようとしている、とも述べている。とりあえず中立の立場を掲げ、和平を希望し、日本からの抗議を逸《そ》らした。

七月二十八日、ヴァイツゼッカー政治局長は駐日大使ディルクセン宛の電報でこう説明した。

「日本は中国での行動を共産主義との戦いだと説明しているが、日本の行動は中国の統一をさまたげ、そのことにより中国に共産主義を広げて、さらには中国人をソ連においやることになるからむしろ防共協定に反するし、防共協定は第三国で共産主義と戦うことではない」

同じ日、ヴァイツゼッカーは武者小路駐独大使と会見したが、武者小路大使が中国で日本は反共の任務を果たしつつあると説明すると、「中国の共産主義勢力を強めたり、中国人をソ連に追いやるような日本の行動を承認することはできない」と反論した。

しかしいくら釈明しても、いつまでも日本からの抗議を逸らしつづけることはできない。

十月十八日、ヒトラーは日本のさまたげとなる行為を避けると決定した。

リッベントロップはカイテル国防軍官房長に武器の禁輸を伝えた。このときカイテル中将はライヘナウに代わって官房長に就任していた。ゲーリング元帥もカイテルに、「ドイツの武器供与が続くなら日本は防共協定から脱退すると威嚇してきた」と伝えた。

しかしカイテル官房長は、

「ドイツは前払いの外国為替を受けとっているだろうし、注文は工場に出されてしまっているから武器禁輸は実行できないだろう」

と考えた。

二十日、カイテル官房長の説明を受けたゲーリング元帥は、命令を撤回し、リッベントロップにも取引をひそかに継続するよう命令した。

やはり何も変わらなかった。

ドイツと日本それぞれの感情

日本と防共協定を結びながら、どっちつかずの態度を取ったドイツは、それまで日本をどう見ていたのだろう。

十九世紀末、日清戦争が起こると、ヨーロッパに黄禍論が起こった。ヨーロッパ諸国は一致して黄色人種を抑えるべきだという主張で、唱えたのはドイツ皇帝ヴィルヘルム二世である。このときドイツは、ロシアの誘いに乗って日本に圧力をかけ、日本が得た遼東半島を清に返還させた。

この直後、ドイツは宣教師が殺害されたことを理由に山東半島へ進出し、青島を租借した。青島を租借すると、それを拠点に中国との貿易を広げ、間もなくしてイギリス、アメリカに次ぐ貿易高になる。

ドイツにとって極東といえば中国であり、日本にはほとんど関心を持たなかった。

第一次世界大戦が起こると、日本はドイツに宣戦して青島を攻めた。戦後のヴェルサイユ講和会議で、ドイツは青島を中国に返還し、ドイツの持っていた南洋諸島は日本が委任統治することになった。結果的に山東省や南洋諸島の権益を奪うことになった日本に対してドイツは強い反感をいだいた。ドイツにとっての日本は、敵対こそすれ、友好関係になることはなかった。

ワイマール時代も日本はドイツの関心を引くものでなかった。

大戦からしばらく経ち、中国との貿易が再開されると、再びドイツ経済界に中国への関心が高まった。軍事顧問団が中国に派遣されると、軍部も中国に対する関心を高めた。外務省も軍部も経済界も、中国に対する親近感を強くしていった。

その一方、日本に対する反感は変わりなかった。

昭和六年、満州事変が起こったとき、ベルリンの陸軍武官事務所に投石があったし、ドイツの新聞は一斉に反日感情をあおった。

昭和八年四月ころ、日本が委任統治している南洋諸島に対して、

「一時的にドイツに戻してくれないか」

との申し出がドイツからあったが、当然日本はこの申し出を断った。ドイツには南洋諸島へのこだわりが残っていて、要請はその後も続いた。

昭和十年ころのドイツの技術界には、日本人に物を見せると日本人はすぐそれをまねるから、と極端に日本を警戒する傾向があった。たとえば、日本が工場見学を申し入れると、いつもは工場の廊下に陳列している標本さえ取りはずし、ただ遠くから工場を見せるというやり方だっ

た。

また、日本がビール会社へホップの種子を頼んだところ、なかなかよこしてくれず、再三再四頼んだすえ、ようやく送りとどけてくれたが、それはからからに乾いた標本で、蒔《ま》いても生えない代物だったという。

昭和九年から十二年まで駐ドイツ大使を務めた武者小路公共は、そのころのことを、

「ハンブルクの（実業家の）連中は実に日本がきらいなんだ」

と述べている。ハンブルクは言うまでもなく、ドイツ最大の経済都市である。

支那事変が起こっても同じだった。

昭和十二年八月に上海戦が始まると、上海にいる第三国の記者に対して、毎日、日本軍による戦況説明が行われていたが、説明役に当たっていた宇都宮直賢少佐は、このような体験をした。

九月、外国人記者団を呉淞の上海派遣軍司令部に案内した。フランスのアバス通信の特派員は、第一次大戦に参戦した経験を持ち、接岸していた日本軍の上陸用舟艇を遠くから素早く認めると、

「あれは日本陸軍の秘密兵器でしょう。皆には見せぬ方がよいのでは」

と耳打ちしてくれた。対してドイツの若い特派員は、日本軍の戦闘ぶりに批判的な目を向けていた。

たまたま若い特派員だけが反日だったのではなく、ドイツ全体が親中反日だったのだろう。

昭和十一年に締結されていた日独防共協定は、こうしたドイツの反日の空気を変えるに至っ

ていなかったのだ。

十一月に入り、上海派遣軍の松井司令官がイタリアの駐華大使と会った。イタリア大使は別段の用事もなかったのだが、このとき松井大将は次のような感想を持った。

「イタリアの文武官の態度は、ドイツに比し大いに明快、徹底的に我に好意を表しおり」

ドイツは、日本に好意を持ったり、公正な立場を保持していたわけでなかったのである。

一方、日本はドイツにどのような感情を持っていたのだろう。
第一次世界大戦で日本は戦勝国となったのだが、その大正七（一九一八）年十一月十一日の出来事を、作家の杉森久英は、要約するとこう書いている。このとき杉森久英は能登半島七尾町に住む小学一年生だった。
「町はお祭り騒ぎとなり、おしろいを塗った若者が、飾り物をかつぎ、尻端折《しりはしょ》り、襷《たすき》がけ、
日本勝った
ドイツ負けた
ドイツの天皇陛下
腰抜けた
とわめきながら、ほとんど半狂乱で踊り歩いた。若者ばかりでなく、老若男女が町じゅう踊り狂っていた」
ドイツが日本に抱いていたと同じものを、日本人も抱いていたのだ。三国干渉を行ったドイ

ツには、敵という思いがあっても親しみは抱いていなかったようだ。

昭和に入っても同じで、ドイツに対する親しみとか特別の感情は普通の日本人になかった。ただし例外があって、医学、音楽、民法、陸軍の分野においては、専門家の間に、親しみというより畏敬《いけい》の念があったようだ。明治の開国以来、これらの分野において日本はドイツから多くのものを学び、そして学びつつあったからである。

ヒトラーの日本への挨拶

こうした日本とドイツの関係に、やがて微妙な変化が見られるようになるのだけれど、それはドイツからのアプローチであり、ナチスの外交上の必要からだった。

話は少しもどって昭和七年七月のある日、ベルリンの日本大使館に勤務していた東郷茂徳参事官はドイツの新聞記者からこう伝えられた。

「ナチスの理論家アルフレート・ローゼンベルクが面会を希望している」

アルフレート・ローゼンベルクは、古くからのナチス党員で、ナチスがミュンヘンで一揆を起こしたときヒトラーとともに先頭で行進した一人であり、『二十世紀の神話』という大著を著している。この年七月の選挙でナチスは第一党になったが、まだヒトラーは首相に就任していない。東郷茂徳参事官自身がナチスに対して警戒感をもっていたためか、東郷は面会を断るのだが、ともあれ、ナチスの重要な一員から日本にアプローチがあったのである。

昭和八年一月、ヒトラーが首相に就任した。前年の二月、ヒトラーの著書『わが闘争』は日本でも一部翻訳されて「余の闘争」として紹介された。アーリア人種こそ世界で最も優秀な民族だとするヒトラーにとって、日本人は劣った民族であり、著書にはそのような記述があった。ヒトラーが首相に就任した直後、ベルリンにいた日本の新聞記者たちは相談し、『わが闘争』に書かれている日本人の記述についてドイツ宣伝省に訂正を申し入れることにした。

すると、新たに出版された『わが闘争』の日本人に対する悪口の部分は削除されていた。

同じ年の十月十八日、大使として日本に赴任するディルクセンにヒトラー首相は日独関係を緊密にしてさらに発展させる任務を与え、こう話している。

「日本が満州国の承認を求めてきた場合、経済的な代償を前提に認めてもよい」

昭和九年になると、講談社から発行されていた「現代」二月号に、ヒトラーが挨拶文を寄せた。すでにヒトラーの台頭は世界の注目を浴び、欧米にはナチスを模倣したような政党が生まれつつあった。日本の月刊誌もヒトラーを取りあげたのである。

挨拶は、日本とドイツが理解を深めることは大切である、という二頁のありきたりの内容であるが、そこにはヒトラーのサインがあり、ヒトラーと親交のある百々巳之助日本大学教授の斡旋とドイツ大使館の厚意による、と説明されているから、単なる話題の人の挨拶とは言えなかったようだ。

五月、ヒトラーはアルフレート・ローゼンベルクに対して質問している。

「ドイツの親日政策を、まだはっきりと宣明してはぐあいが悪いだろうか」

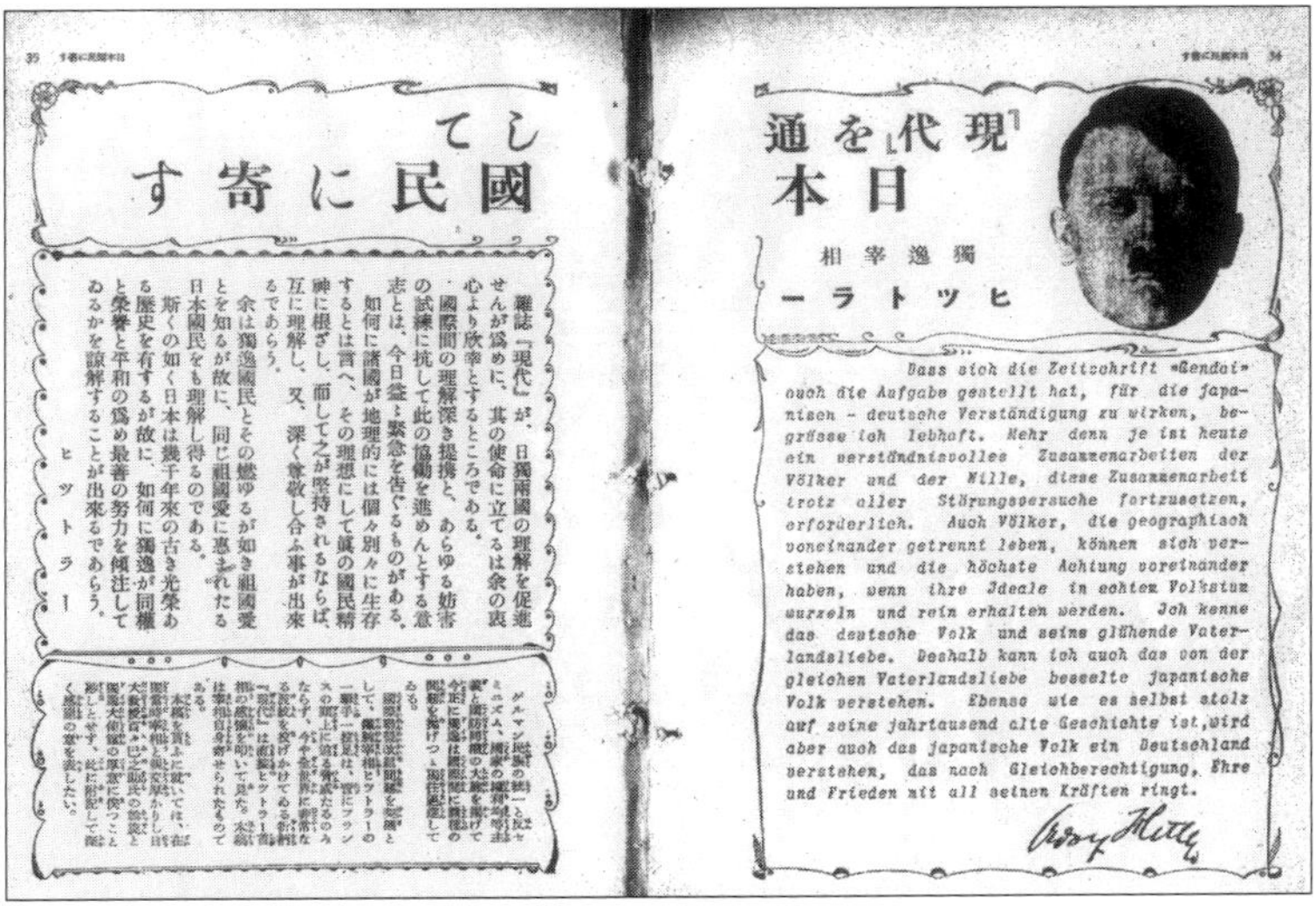

「現代」を通して日本國民に寄す

獨逸宰相
ヒットラー

雑誌「現代」が、日獨兩國の理解を促進せんが爲めに、其の使命に立てるは余の衷心より欣幸とするところである。

國際間の理解深き提携と、あらゆる妨害の試練に抗して此の協働を進めんとする意志とは、今日益〻緊急を告ぐるものがある。

如何に諸國が地理的には個々別々に生存するとは言へ、その理想にして眞の國民精神に根ざし、而して之が堅持されるならば、互に理解し、又、深く尊敬し合ふ事が出來るであらう。

余は獨逸國民とその燃ゆるが如き祖國愛とを知るが故に、同じ祖國愛に惠まれたる日本國民をも理解し得るのである。

斯くの如く日本は幾千年來の古き光榮ある歴史を有するが故に、如何に獨逸が同權と榮譽と平和の爲め最善の努力を傾注しているかを諒解することが出來るであらう。

ヒットラー

Dass sich die Zeitschrift »Gendai« auch die Aufgabe gestellt hat, für die japanisch - deutsche Verständigung zu wirken, begrüsse ich lebhaft. Mehr denn je ist heute ein verständnisvolles Zusammenarbeiten der Völker und der Wille, diese Zusammenarbeit trotz aller Störungsversuche fortzusetzen, erforderlich. Auch Völker, die geographisch voneinander getrennt leben, können sich verstehen und die höchste Achtung voreinander haben, wenn ihre Ideale in echtem Volkstum wurzeln und rein erhalten werden. Ich kenne das deutsche Volk und seine glühende Vaterlandsliebe. Deshalb kann ich auch das von der gleichen Vaterlandsliebe beseelte japanische Volk verstehen. Ebenso wie es selbst stolz auf seine jahrtausend alte Geschichte ist, wird aber auch das japanische Volk ein Deutschland verstehen, das nach Gleichberechtigung, Ehre und Frieden mit all seinen Kräften ringt.

ヒトラーの挨拶文が掲載された「現代」昭和9年2月号

ナチスの機関紙「フェルキッシャー・ベオバハター」は以前から日本に対する好意的な記事を掲載していた。地政学を確立した人物として知られ、その理論がナチスに影響を与えていたミュンヘン大学教授のカール・ハウスホーヘルは、同誌に日本を評価した意見を寄せていた。

これらからわかるように、ナチスの台頭とともに、日本とドイツの関係は急速に変わろうとしていた。

ナチスからの働きかけ

昭和十一（一九三六）年十一月に締結された防共協定も、ナチスからの日本接近を物語っている。

防共協定は、いつ、どこから始まったのか、それらしきものの一つを、協定締結のほぼ二年前に見ることができる。

昭和十年一月下旬、ロンドンにいた山本五十六中将のところに、ヘルマン・フォン・ラウマーというドイツ人が会いに来た。山本五十六中将は、ロンドン第二次軍縮会議の日本代表として参加、会議を終えてシベリア経由で帰国するところであったが、ラウマーは、ナチス外交顧問リッベントロップの意向だとして、ベルリンに立ち寄ってヒトラー総統と会ってほしい、と伝えてきた。

ドイツの外交はいうまでもなく外務省によって行われていたのだが、ヒトラーが首相に就任すると、アルフレート・ローゼンベルクがナチス外交政策局長に就いて外交にかかわるようになった。昭和九年八月二日、ヒンデンブルク大統領が死亡し、ヒトラー首相が総統に就任すると、さらにナチスは外交にかかわるようになる。ヒトラーの外交顧問リッベントロップが発言力を持つようになったのである。

リッベントロップは、若いときから海外で生活を送り、第一次世界大戦に従軍したとき、トルコに派遣されたドイツ使節団の随員の一人に選ばれている。大戦後、醸造会社の娘と結婚してワインとシャンパンの商売のため世界中を旅行し、国際知識を身につけ、昭和七年にナチスに入党、ヒトラーの覚えがめでたく、私的な外交分野ではあったが頭角を現した。昭和九年四月には、軍縮問題全権代表に任命されると、リッベントロップ事務所をベルリンに設立した。

日本への関心が薄かったドイツ外務省に対して、独自の外交を確立したいと考えていたリッベントロップは、ヒトラーの意向を汲むためもあり、日本との友好関係を築こうとした。その一つが山本五十六中将への接触で、海軍大臣のレーダーに会わせると共に、ヒトラー総統とも会談させる手筈を整え、ラウマーをロンドンに派遣したのである。

使いとしてやってきたラウマーは、第一次世界大戦後、ソ連や極東で仕事をした経歴を持ち、招かれてリッベントロップ事務所に入って極東部長につくところであった。

ラウマーが申し入れると、そのことを知ったベルリンとロンドンの日本大使が話し合い、とりあえずヒトラー総統との会談は取りやめと決まったが、一月二十九日、山本中将はベルリンにやってきてレーダー海軍大臣とリッベントロップに会った。

このときはこれで終わったが、何か月かして、再びドイツが動きだした。今度は、リッベントロップの秘書フリードリッヒ・ハックが、ベルリンの大島浩陸軍武官事務所にやってきたのである。

フリードリッヒ・ハックは、鉄道行政に詳しかったため、かつて満鉄に雇われて顧問を務め、第一次世界大戦では日本の捕虜になった経験を持つ。釈放されてドイツに帰国すると、日本との貿易を主とする会社に入り、東京とベルリンで日本軍人の間に顔を広め、大島浩陸軍武官とも顔見知りになっていた。

大島陸軍武官は、第一次世界大戦前、オーストリアの駐在武官を務めたことがあった。そのときの任務はロシア情報の収集で、東京に戻って参謀本部の課長などを務めた後、駐在武官としてドイツにやってきていた。

ハックが大島武官のところにやってきたのは、昭和十年の五、六月とも、九月ともいわれていて、定かではない。ハックから切りだされた話は、ソ連に対して日本とドイツが手を組めないか、というものだった。

この年、ドイツを巡る国際関係は急進展していた。三月十六日、ヒトラーはヴェルサイユ条約の軍事条項を破棄し、徴兵制を復活させ、それまで十万に制限されていた陸軍を五十六万に拡大することを決めた。ヴェルサイユ体制打破を主張してきたナチスにとってフランスは最大の敵であり、一方、フランスにとってこれまでのドイツの行動はどれもが神経を逆なでするものので、ヴェルサイユ条約が破棄されたことからソ連と手を結ぶことを考え、五月二日に仏ソ相互援助条約を締結した。

ドイツとソ連の間は、第一次世界大戦後、ラパロ条約とベルリン中立条約が締結され、孤立するドイツにとってソ連は唯一の友好国だった。ナチスが政権を取ってからも、条約は生きていた。しかし、ナチスの掲げる大きい主張の一つは反共産主義であり、ソ連との関係はそれまでドイツの外交政策から変質を遂げようとしていた。そんな折り、ソ連が宿敵フランスと相互条約を結んだので、ドイツにとってソ連は準敵国に変わる。

一方、日本にとってソ連は日露戦争からの敵であり、その状態はいまだ続いている。満州国が生まれたことでソ連と直接国境を接するようになってなおさら、ソ連に対する警戒は高まるばかりである。

さらに、七月から八月にかけモスクワで第七回コミンテルン大会が開かれ、「反ファシズム人民戦線戦術」が決議され、帝国主義国としてドイツとイタリアと日本が名指しで批判された。

日本とドイツが手を組むことに不自然さはなかった。

大島浩がベルリンに着くと、ナチスが政権を取って一年数か月、永井松三大使がナチスに警戒感を持っていたこともあり、ナチス指導者と日本の間にそれほどの交流はなかった。前任の坂西一良武官がナチスとのルートを開いていたくらいである。そのため、大島にナチスに対する特別の思いこみはなかったようだが、堪能なドイツ語と開放的な大島の性格は、ナチス高官の間で好評を得、ウィーン時代に親しんだ音楽と絵画、それとワインについての博識がさらに後押しした。たとえばリッベントロップと会うと二人はたちまち意気投合した。

東京を発つとき、大島大佐は、参謀本部第二部の欧米課長飯村穣大佐から、こう言い含められた。

「第二部内だけのことだが、ドイツと将来にわたり何らかの提携を考えたい」

この指示によるものだろう、大島武官はハックの提案に対して前向きに取りくむ。交流のあった国防軍情報課の海軍大佐カナリスにも相談した。親日家で、強い反共主義者だったカナリス大佐はただちに賛成し、日本に対して距離を保っていた国防軍の中に一つの拠点ができあがる。

これらの進展は逐一東京に打電された。

大島武官の電報にどう回答するか、参謀本部第二部ドイツ班と陸軍省軍事課が中心となって協議することになった。

先ほど述べたように、それまで日本とドイツの間に特別な友好関係はなかったが、陸軍においては必ずしもそうではなかった。

江戸時代が終わり、開国した日本は、近代化の範を海外に求めた。軍隊についても同様である。そのころ世界の陸軍国といえば、十八世紀から十九世紀にかけナポレオンが指揮してヨーロッパを席巻したフランスであり、日本はさっそくフランスに範を取った。明治維新から三年後、普仏戦争でフランスがドイツに負ける。まもなくして日本陸軍はフランス式からドイツ式に変える。そして参謀の教育が必要となったとき、ドイツからメッケル少佐を招請した。メッケル少佐は、モルトケ参謀総長が推薦しただけあって、ドイツ参謀本部の中でもよりすぐりの軍人で、たちまち創成期の日本陸軍に影響を及ぼし、日本陸軍の中にドイツ熱を生みだした。日本の参謀教育が整い、若い将校を海外へ派遣することになると、最も優秀な者はドイツ、次いでフランスへ留学させられるようになり、派遣された将校が陸軍の中枢に進むにつれ、陸軍全体がドイツに対して親近感を持つようになる。第一次世界大戦が勃発したとき、ドイツ側に立って参戦しようとする意見が陸軍の一部から出されたほどであった。

といっても、昭和十年十一月頃、まだ参謀本部の中にドイツと軍事同盟を考える者はいなかった。

昭和十一年はじめ、陸軍には、ドイツとの軍事同盟を考える積極論者と、ともかく話し合いをという慎重論者がおり、どちらかといえば慎重論者が多かった。

三月末、武者小路公共大使が休暇からベルリンに戻るとき、二十人ほどの陸軍首脳と会う。このとき、寺内寿一陸軍大臣はドイツを評価せず、参謀本部も同じような意向を漏らした。ドイツとの軍事同盟を考えていたのは軍事課長の町尻量基大佐一人だけで、陸軍はドイツへの信頼感をそう多くは持ってはいなかった。

八月七日、「帝国外交方針」が決定される。原案の起草者は軍務課の有末精三少佐で、そこではこう結論づけられた。

「ソ連との関係からドイツと日本は利害関係が同じであり、必要に応じてドイツと提携を講じる必要がある」

ソ連牽制のためドイツとの協調が謳《うた》われていたのである。

参謀本部第二部欧米課ドイツ班員の西久大尉は、後日、

「ドイツとの提携を強化していこうという意見はソ連が怖かったからで、防共協定はそのため作った」

と述べており、ドイツ班長の西郷従吾大尉も同じ見方をしていた。

後のことになるけれど、防共協定の強化が議論された昭和十三年八月ころ、田中新一軍事課長は、

「ドイツ人なんて信用できるかい。ヒトラーなんて歩兵伍長になにがわかるか」

という調子で関係強化に反対した。

陸軍省と参謀本部の課長連中も同じ意見で、そのころの陸軍の大勢は省部の課長によって作られていたけれど、彼らの意見はこのようなものだった。

これらから、陸軍中央部にドイツに対する親近感はあったものの、ドイツと手を携えていく

という積極的な考えは少なく、ソ連を警戒する上でほかの国と手を組む必要があり、その中でドイツが浮かびあがってきた、というのが実態であろう。

ただしドイツ駐在武官は違っていた。

昭和九年三月まで駐在武官を務めていた坂西一良中佐は、ナチスの政界進出を目の当たりにして、ナチスかぶれになった。日本に戻ると、ナチス礼讃を説きはじめた。

交代で駐在武官となった大島浩は、ドイツに行くとナチスに心酔し、その後、坂西中佐とコンビのような存在になった。

大島武官からの電報をどう受けとめたかは様々だったが、ともあれ、陸軍中央部は回答することとなった。軍事課長はドイツ派遣の経歴を持つ山下奉文大佐である。協議の結果が出た。

「原則的には反対でないが、さらに検討する必要がある」

参謀本部では、このような協定よりドイツ以外の国とも防共的な提携ができないものかという意見が出された。

とりあえず、

「陸軍に関する限り、ドイツとの協定に異存なし」

との返電が打たれた。

電報だけのやりとりだけでは双方とも十分に意が尽くせず、さらに検討すべきことについてはベルリンで確認することになり、参謀本部第二部のドイツ班長若松只一中佐が昭和十（一九三五）年十一月四日に日本を出発した。

この間、ベルリンでは、大島武官と、リッベントロップ、カナリス、ラウマー、ハックとの間で話し合いが続けられていた。

十一月二十五日、共産主義に反対するという防共協定の草案がドイツ側で作られた。反共産主義という点でイギリスを味方につけることもでき、イギリスと友好関係を築きたいと願っているヒトラーの意図にも合致した。

草案は翌日に大島武官へ示され、大島からただちに東京へ打電された。

日独防共協定締結

それまで大島武官は、話し合いの内容は統帥に属することだとして、大使や海軍武官に知らせないでいた。大島武官から報告を受けた東京の陸軍中央部も、外務省や海軍省に知らせることはなかった。

昭和十（一九三五）年十二月下旬、日独の話し合いがソ連の「タス通信」によって暴露された。若松只一ドイツ班長は、ベルリンに向かうのに先だち、これまでの話し合いを駐日ドイツ大使館のオイゲン・オット武官に伝えた。オット武官は、ディルクセン大使に伝えることはしなかったが、大使館に出入りしていた新聞記者のゾルゲに伝えた。ゾルゲを大使以上に信頼していたからで、ソ連のスパイだったゾルゲはただちにこれらの情報をソ連へ通報したのだ。

日独の話し合いはイギリスの「ニュース・クロニクル」紙も暴露し、翌年にはフランスの左翼系新聞も報じた。

「ニュース・クロニクル」紙が暴露したころ、駐ドイツ日本大使館の横井忠雄海軍武官はフリードリッヒ・ハックから交渉の内容を入手した。翌十一年一月下旬になると代理大使の井上庚二郎参事官もドイツの新聞記者とナチス高官から情報を手にした。

同じころ、若松只一ドイツ班長が帰国し、協定案が具体的に判明した陸軍は、二月六日、外務省と海軍に正式に提案した。

日本としての検討が始まった。

二月十二日、議題は事務当局の最高レベルの会談に上げられた。東郷茂徳欧亜局長は反対したが、外務省首脳は必ずしも反対ではなく、話し合いを進めることが同意された。

三月九日、広田弘毅内閣が成立、四月二日、それまで首相の兼任だった外相に有田八郎が就任した。有田外相は、ドイツにあまり深入りするのは好ましくないが、「薄墨色程度の協定なら賛成」との考えを持っていた。

重光葵外務次官たちは、なにかドイツと提携を考える程度のことならいいだろう、という考えだった。

武者小路公共ドイツ大使はこう考えていた。

「ドイツとの提携は無論いいことだと思うし、自分の任地である以上、それを望むのは当然だが、向こうの様子を見るのが第一の任務だ」

四月三十日、武者小路大使がベルリンに戻るとき、有田外相はこの問題を正式に外交ルートに乗せることにし、大島武官に代わって武者小路大使が交渉を進めるよう指示した。ここに日独協定ははじめて外交ルートに乗ったのである。

六月九日、武者小路大使はヒトラー総統と会談したが、これまで大島武官が進めてきたことから、実際の話し合いは、武者小路大使のもとで大島武官が進めることになった。

七月に入り、東京では外務省、陸軍省、海軍省三省の事務当局打ち合わせが始まり、ぶっつづけの会議が行われた。これをきっかけにして日本の外交方針を根本的に練りなおすことになり、それぞれの省の見通しと思惑があって会議は白熱した。

そのころすでに、ドイツの提案に対して回答する段階にいたっており、外務省も海軍も強く反対する理由はなかった。

七月二十四日、日本の態度を練るため、有田外相が陸軍と海軍の首脳を招いた。東郷欧亜局長は、ナチズムの宣伝の具に利用される恐れとイギリスとの関係を考慮して反対し、ほかにも同じ理由からドイツと手を携えることに反対する人がいたけれど、大勢は賛成の方向にあった。

この日、有田八郎外相、寺内寿一陸軍大臣、長谷川清海軍次官の合同会議で、日本案が決定された。

日本で一部に反対論があったように、ドイツも協定はすんなり決まったわけではなかった。

リッベントロップが個人的に日本との話し合いを進めたことから、ドイツの外務省で話し合いを知っている者は一人もいなかった。

ノイラート外相がはじめて知ったのは、ディルクセン駐日大使からの報告によるが、報告を受けたドイツ外務省は、そんなの知ったことではないという態度だった。以前からノイラート外相はヒトラー総統に、

「日本との提携は何ももたらさない」

と進言していたし、外務次官フォン・ビューロフは一年以上も前から、

「日本に近づこうとするのは誤ったことである、このような考えはわれわれ政治組織に適合しない」

と言明していた。

トラウトマン駐華大使もリッベントロップに、

「日本軍によってドイツの軍事的負担が軽減されることはない」

と指摘して協定に反対した。

国防軍はどうだったか。

国防大臣ブロンベルクはカナリス大佐からの報告で協定を知り、まもなくオット武官からも報告を受けるが、このときは、はっきりと協定に反対した。

既に中国との軍事協定は急速に進んでおり、中国への軍事援助に関する命令や指示はブロンベルク国防大臣から出されていた。ブロンベルク国防相は日本との協定を歯牙《しが》にもかけていなかったのである。

参謀総長ルードビッヒ・ベック大将は、もともと日本との軍事同盟に反対していた。オット

武官からの打電で知ったベック参謀総長はカナリス大佐を呼びつけ、

「リッベントロップあたりと外国武官がこのような問題をやってはいかん」

と叱りつけた。

オット駐日武官自身は、

「日本の戦力は未知数であり、軍事同盟はドイツにとってなんら利益になるものではなく、下手をすると予期しない義務を負うことになるかもしれない」

と報告の中で警告していた。

国防軍の大方はむしろ日独協定に反対だったのである。

中国政府の訪独団と会い、一億ライヒスマルクの借款条約に調印したシャハト経済大臣兼国立銀行総裁も当然のことながら反対した。

外務省も、国防軍も、経済界も、反対だったといえよう。

しかし、ひとりヒトラーが承認している。リッベントロップはひたすら協定の調印に向かった。

このとき、日本側では大島浩という人間が重要な要因となった。

大島武官は、鼻っ柱が強く、豪胆で開放的な性格で、愉快な人でもあった。同時に、よく気のつく性質でもあったという。

このような大島の人格にひかれて、ベルリンにいた若い外交官の中にはドイツと手を組む考えに同調する者が現れた。ベルリンに派遣されていた新聞記者も同様だった。

このようなことから、大使館やベルリンの新聞記者はドイツとの提携を主張する大島大佐に徐々に賛成するようになっていった。

昭和十一（一九三六）年十一月二十五日、日独防共協定が締結された。上海戦が始まる九か月前である。

協定は、日本とドイツがコミンテルンの破壊に協力して防衛にあたる、というもののほか、締約国の一方がソ連から攻撃を受けた場合、ソ連の負担を軽くする措置を取らないことを約する、という秘密付属協定からなった。

本条約の第二条に、コミンテルンから国内の安寧を脅かされる第三国に対して本協定に参加するよう勧誘する、とあり、調印前から、イギリス、オランダ、ベルギーなどへ参加呼びかけが行われた。オランダに対しては日本から行われ、ドイツはイギリスの参加を特に期待していたけれど、呼びかけは実を結ばなかった。ドイツとの関係が悪かったイタリアに対して呼びかけることはなかったが、イタリアは独自に日本と協定を結ぶ気持ちを持っていて、やがてドイツとの関係が好転したこともあり、一年後の昭和十二年十一月六日、つまり、ドイツ軍事顧問団が指導する中国軍との上海戦のさ中、日独伊三国防共協定が締結されたのだ。

日本の反応

日独防共協定が締結された日、銀座の一流喫茶店の店頭には日章旗とハーケンクロイツが掲げられ、ドイツ人の経営する酒場では両国の国旗が張りめぐらされ、ビールで乾杯が繰り返された。日本にあるドイツ大使館には、締結を祝う大会の代表者が訪れたり、個人が贈り物を持ってきたり、館員は応対にいとまがなかった。

こうしたことから、日本人は防共協定を歓迎し、ドイツを賛美する風潮が強かったと見られがちだが、多くは、商売上によるものだったり、ドイツの工作によるものだった。

その二年前に、日本の艦隊がドイツを訪問し、日独協会と日独学術研究機関が設立されていたが、その骨を折ったのは、大島武官にはじめて話を持ちこんだフリードリッヒ・ハックである。防共協定が締結された年の二月、日独合作映画『新しき土』の製作スタッフが日本にやってきた。映画は原節子の映画デビューとなり、翌年日本とドイツで公開され共に話題を呼んだ。このときもハックは監督アーノルド・ファンクと同行し、協定締結に向けての働きかけをしていた。

ドイツ大使館は、マスメディア工作として「報知新聞」に接近し、陸軍武官オイゲン・オットは日本の将校を温泉に招待して親交を重ね、日本軍部に親独勢力を培う努力をしていた。ドイツ側から様々な働きかけが行われていたのである。

そのような働きかけをドイツはしていたけれど、それでもディルクセン駐日大使は本国にこう報告していた。

「日本では防共協定が好ましからざるものと受けとられている」

締結から数か月して林銑十郎内閣の外務大臣となった佐藤尚武は、

「締結は遺憾だ」

と明言していた。

その頃のことを、ディルクセン駐日大使はこう述べている。

「ドイツ人の日本に対する友情の熱は、中央集権化されたナチス・ドイツが対日関係を緊密化する進路をとると自然に高まり、党の機関によって澎湃《ほうはい》たる共鳴が起こされ、深められた」

ベルリンの日本大使館にいた古内広雄官補《かんほ》は後にこのように語っている。

「昭和十二、三年ごろのドイツにおいて日本に対する関心なんてあまりないんですよ。むしろ中国に対する関心ですね。日本なんて、まあ、たとえてみれば中国の盲腸みたいに思われていたんですよ。そのアジアの中における日本の位置を、ドイツにおいて根本的にひっくり返したのがナチスだった。事のよしあしは別として、これは事実なんですよ」

日独の外交官が期せずして同じことを述べた。ナチスによって日本とドイツの関係は急展開したのである、と。

それにもかかわらず、この時点でもドイツはまだ中国に武器援助をしたり、顧問団が対日戦を指導していたのである。

◉第五章◉

中国軍潰走とドイツ顧問団のその後

1938年7月5日、中国を去るため漢口駅で中国軍人と別れを惜しむファルケンハウゼン

切腹も覚悟した松井司令官

話は昭和十二（一九三七）年秋、日中の激戦が続く上海にもどる。

日本軍が上陸してからの三週間、上海は暑い日が続いたが、九月十三日夕方から雨が降りだした。夜に入ると雨は激しくなり、この日を境に上海の天候が変わった。週のうち半分は雨か小雨で、戦っている将兵を陰鬱《いんうつ》にさせた。晴れるのは週のうち一日か二日である。陰鬱な気分になったのは、天候のせいだけではなかった。苦しい戦いがそれ以上に将兵を重苦しい気分にさせていた。

名古屋の第三師団と四国善通寺の第十一師団は上陸してひと月余りで兵はもとより、多くの小隊長、中隊長を失った。参謀本部作戦課に籍をおいていた井本熊男大尉は、そのころ士官学校の同級生が中隊長に進んでいて、そのうち八名が上海戦に参戦していたけれど、なんとひと月余りで全員が戦死してしまった。第十一師団の丸亀歩兵第十二連隊では、十二個中隊のうち九個中隊で下士官や上等兵が指揮を執っていた。それだけ将校が戦死傷したということである。戦死者はいつになっても止まず、補充は追いつかず、野戦病院に入っている傷病兵は治癒次第、戦闘中の原隊に復帰しなければならなかった。

呉淞《ウースン》クリークの北岸を西進していた第三師団は九月下旬に劉家行《りゅうかこう》と頤家宅《いかたく》の前まで進んできた。劉家行と頤家宅を攻略した後は、その先の揚涇《ようけい》クリークに向かうことはせず、左に旋回して呉淞クリークに向かい、大場鎮《だいじょうちん》を目標にすることが決まった。

第三師団の北側を西進していた第十一師団は、そのまま揚涇クリークに向かって進み、左旋回する第三師団の右側面を掩護することになった。

台湾支隊と第百一、第九、第十三の三個師団が次々と上陸してきた。九月二十七日に上陸した第九師団は第三師団の右に布陣したばかりであったが、第九師団も呉淞クリークに向け旋回することになった。

十月二日に劉家行と顧家宅を突破すると、名古屋歩兵第六連隊が右翼、静岡歩兵第三十四連隊と豊橋歩兵第十八連隊が左翼となり、その日から四日にかけ、左へ旋回して、呉淞クリーク前まで進んだ。このとき岐阜歩兵第六十八連隊は予備隊として後方で待機していた。

上海派遣軍は、上陸したときから、大場鎮攻略を最大の目標としていた。呉淞クリークから大場鎮まではわずか五キロメートルである。十月四日、十月中旬までには大場鎮攻撃を開始する作戦計画が決まった。

九月三十日から第三師団の左を進みはじめた第百一師団も大場鎮攻略に加わることになった。呉淞クリークを前に、西から東へ、第九、第三、第百一師団と並ぶことになったが、そこに幅二〇メートル、深さ二メートルほどの呉淞クリークが立ちはだかっていた。

十月六日未明、第百一師団が呉淞クリークを渡河した。第三師団の一部も渡った。第九師団の左翼隊は七日になって渡った。

上海派遣軍の司令部は呉淞鎮の水産学校に置かれていたのだが、八日になると松井軍司令官は幕僚をともない楊行鎮《ようこうちん》に向かった。師団長と部隊長が楊行鎮に集められ、大場鎮攻略の作戦意図が説明された。攻撃開始は十三日と示された。師団長や支隊長が一堂に集められたのは上陸以来はじめてである。軍司令部の意気込みがどの部隊長にも伝わった。

楊行鎮まで進む途中、松井軍司令官には、道路、村落、中国軍の陣地などが目に入った。その荒れようから、一瞥《いちべつ》で戦闘の激しさが想起できた。この日も終日の小雨で、荒れた道路はぬかるんでいた。そのぬかるんだ道路を輜重《しちょう》兵が行き来している。弾薬や糧食を運ぶ馬は痩せ、輜重兵は鞭を打って励ます。周りの荒れ果てた光景に松井司令官は「ことごとく胸を打たざるものなし」と感じ、苦慮する人馬を「誠に同情に禁ぜず」と陣中日誌に書きとどめた。

翌日になると各部隊の参謀長が集められ、軍司令官から大場鎮攻略の訓示があった。これもこれまでになかったことである。さらに上海派遣軍参謀長の飯沼守少将によって、松井司令官の作戦指導が各参謀長に伝えられた。

「砲弾は十二分に準備したけれど、あり余るほどではない。万が一攻略しきれず再度の攻撃となれば、たちまち砲弾の不足を来す。必勝を期して準備し、断固たる決意をもって一回で突破しなければならない」

「歩兵は、砲兵を頼りにすることなく、歩兵銃と共に、あるいは銃剣によって敵陣を奪い、敵の夜襲に対しては、逆襲するだけでなく、督戦隊の線まで進まねばならない」

「命令は誠にやむべからざるに出て、しかも達成を確信しているから命令する、命令せられたことは全力を尽くして遂行すべし」

このように伝えられた。

松井石根司令官自身、万が一大場鎮攻略に失敗すれば切腹を覚悟した。

参謀長への訓示が行われた日の午後、十数人の新聞記者が水産学校に置かれていた軍司令部にやってきた。日本軍が上陸するときの戦いで水産学校の屋根は破れ、窓は壊れ、めぼしい備品もなく、建物は雨露を凌《しの》ぐ程度のものにすぎなかった。しかし、ほかに適当な建物がなく、応急の修理が行われ、司令部が置かれていた。雨が降ると、さっそく雨漏りがして、衛兵たちが大騒ぎするほどだった。そのうちのひと部屋が司令官室に当てられたが、ガランとした殺風景な広間にすぎない。

翌日の昼前、「ニューヨーク・タイムズ」と「ロンドン・タイムズ」の記者が報道部員にともなわれやってきた。松井大将は進んで会見に応じた。

この日も雨で、司令官室には雨漏りのためバケツが数個置かれていた。ぽとぽとと雫《しずく》が音をたてひっきりなしに落ちる。ふたりの記者は驚き、

「松井大将との会見には雨傘がいる」

と笑った。

その後も雨は続き、敵の陣地も堅く、中国軍の激しい抵抗も変わりなかった。

呉淞クリークを渡河したところで、再び激しい戦いとなった。クリークの先では、税警総団総隊長黄杰《こうけつ》の指揮する第八軍と、胡宗南の指揮する第一軍が防衛に当たっていた。第三師団の前進は呉淞クリークを渡ったところで止まってしまった。

第三師団の左を進んだ第百一師団も、呉淞クリークを越えたところで中国軍の激しい攻撃に

遭い、六日、第二大隊長が戦死、七日、第三大隊長が負傷、十一日、連隊長が戦死した。第九師団も、右翼隊がなかなか旋回できずにいたが、左翼隊は左翼隊でクリークを越えたところで止まった。

十月十三日に大場鎮攻略という作戦はたちまち不可能な状況になった。

上海戦は旅順攻略に匹敵する

石原莞爾少将の辞任を受けて第一部長に就任した下村定少将は、膠着状態を打破するため、積極的な作戦を展開する必要があると考えていた。増援の三個師団半を上陸させた今、残された道は新たに杭州湾から援軍を上陸させることである。躊躇《ちゅうちょ》は許されない。着任早々の十月四日、部下に早速杭州湾上陸の研究を着手させ、九日には実行が決まった。北支で戦っている熊本の第六師団を核として、新たに第十八師団と第百十四師団を編成、上陸部隊として国崎支隊を加え、第十軍として杭州湾から上陸させる。中国軍の背面を衝《つ》いて一挙に局面を打開するのが狙いだが、さらに敵に徹底的な打撃を与えるため、北支で戦っている第十六師団も持ってきて揚子江上流に上陸させ、中国軍の側面を衝くことも立案された（地図④参照）。

二個師団の兵力で始まった上海の戦いは、ふた月余りで、たちまち九個師団と二個支隊という日露戦争以来の大掛かりなものとなった。

中国軍も次々と兵力を投入していた。新たな兵力が一日一個師（約一万人）の割合で戦場に投入されていた。日本軍が上陸したとき、中国軍の兵力は日本軍の四、五倍だったが、その後もこの比率が好転することはなかった。

中国軍の激しい抵抗に、呉淞クリークを越えてさらに一キロメートル進むのに十日もかかるありさまだった。大場鎮はまだ三キロメートルも先である。

上海にある軍報道部は毎日戦況を発表していたが、十月十九日、「上海の戦いを旅順攻略戦と比較」する発表をした。

旅順の戦いは日露戦争で最も苦戦を強いられた戦いだ。ロシアの旅順艦隊はバルチック艦隊がやってくるまで旅順港に籠もる作戦を取ったため、日本は旅順を陸側から攻略して艦隊を追い出す作戦を取った。その十年前の日清戦争でも日本軍は旅順を攻略し、そのときは一日で攻め落とし、今度も数日で攻略できるかと思われた。向かったのは乃木希典大将の指揮する第三軍だったが、近代的な堅固な要塞はびくともせず、それまでの戦役に見られないほどの犠牲者を生みだした。

旅順に先立つ南山の戦いで長男の勝典を失っていた乃木希典大将は旅順の戦いで次男保典を亡くした。四か月戦ってようやく勝利をものにしたとき、ステッセル将軍を取材しようとした外国の記者団を乃木大将は止め、会見が終わった後、帯剣したステッセルの撮影だけを許した。旅順要塞の攻略戦は、近代日本の一大叙事詩となり、旅順を訪れる日本人なら必ず二〇三高地に建てられた忠霊碑を訪れた。

軍の報道部が上海の戦いをその旅順の要塞戦と比較したのも頷《うなず》けないことではなかった。上海の戦いは、日露戦争以降、経験したことのない膨大な犠牲者を出していた。十月十八日まで、総兵力二万五千の第三師団は、戦死者千四百七十名、戦傷者四千八百九十一名、あわせて戦死傷者六千三百六十一名となっていた。四人に一人が戦死傷した計算になる。犠牲者のほとんどは歩兵と工兵であるから、彼らにしぼればその四割が犠牲となっていた。第三師団を含めた五個師団と一支隊の戦死傷者は二万二千八十二名に達した。

上海の戦いがいつ終わるか、さらにどれほどの犠牲者をだすのか、予測は全くつかない状況だった。

三か月かかった上海戦

大場鎮攻略は自然と延期になり、一日中小雨の降る日があれば、朝から雨が降り強風が吹く日もあって、ますます道路はぬかるみ、依然として補給はままならない。

十月中旬になり、久し振りに秋晴れの日が続いたとき、今戦っている五個師団に加え三個師団を杭州湾から上陸させる知らせがはじめて軍司令部に届いた。松井軍司令官は、二個師団ではとても上海を攻略できまいと考え、当初から数個師団を要望していたのだが、ようやく希望する兵力で攻めることができるようになり、これで切腹することもなく使命を完遂できるのではと、元気を取りもどした。

改めて大場鎮攻略が練られることになり、十月二十一日、各部隊は二十四日まで準備線に進み、二十七日に攻撃開始、と決定された。

大場鎮を東西に走馬塘《そうまとう》クリークが流れている。第三師団は大場鎮の西寄りを目標にし、第九師団はさらに西の走馬塘クリーク、第百一師団は大場鎮の東寄りを目標にしていた。

すでにふた月近くも戦っている第三師団は当然のごとく戦意が低下し、第九師団も兵力が三分の一に落ちて当初の意気込みは見られず、第百一師団では隊長が突撃しても部下が続かなかったり、いったん占領しても逆襲にあって退却するなどの事態が起きていた。

日本軍が上海に上陸して以来、内地の新聞では「呉淞鎮を占領す」「羅店鎮陥落！」「軍工路飯田部隊に凱歌」「頤家宅に突入」などといった報道が続き、国民は日本軍が有利に戦いを進めているかのように受けとっていた。

それは内地の人だけだった。日本軍が苦戦していることは、上海にいたプレスもうすうす感じていた。

ドイツ軍事顧問団がトーチカ構築と作戦にかかわり、それによって日本軍が苦戦していることとは上海にいる新聞記者なら誰もが知っていた。

しかし、同盟通信の松本重治上海支社長が、

「上海の戦いは日独戦争である」

と月刊誌「改造」用に書いた原稿は掲載されなかった。

国民は勇ましい記事に気を取られていた。

やがて新聞が戦死傷者の名前を伝えるようになる。出征した家に戦死の知らせが来る。しば

らくすると、名古屋駅に、岐阜駅に、静岡駅に、そして豊橋駅に、白木の箱を首から吊るした兵士が大勢が降り立つようになる。十や二十といった数ではなく、何百ものおびただしい数である。その一方、補充兵が次々と営庭を発っていく。静岡連隊では、九月下旬から十月上旬にかけて千二百名、十月中旬に六百名、さらに十一月八日にも送られた。

駅や道路で部隊を見送った国民は、こういったいくつかの出来事から日本軍の苦戦を知るようになった。

そのうち、兵士を送った歓呼の声は怒りへと変わっていった。

第三師団の歩兵四個連隊のうち、名古屋歩兵第六連隊の倉永連隊長は戦死、岐阜歩兵第六十八連隊の鷹森孝連隊長は負傷、豊橋歩兵第十八連隊の石井嘉穂連隊長も負傷した。静岡歩兵第三十四連隊の英霊九十三柱がはじめて静岡駅に降りたったのは十一月五日である。それ以来、静岡駅には英霊の帰国が続いた。

静岡歩兵第三十四連隊の田上八郎連隊長に対して、ほかの三人の連隊長が戦死傷しているのに、負傷もしないのは、安全な後方で指揮を執っていて兵士に犠牲をしいているのではないか、といった無知な非難が上がりだした。連隊長の留守宅に投石する者も現れるようになった。

それまで日本軍は三倍の中国軍を相手に戦えるといわれていた。

しかし、上海の中国軍はすっかり精鋭部隊に変わっていた。日本に勝る火力も手にしている。かつてなかった陣地を築いている。これまでの戦いのようにはいかなかった。

それでも、日本軍は敢闘力戦して少しずつ前進する。大場鎮の前に点在しているトーチカをを一つずつ潰して、大場鎮に向かう。

十月二十四日、第九師団は大場鎮を横断する走馬塘クリークの前まで進んだ。走馬塘クリークは幅二十メートル、深さ一・五メートルから二メートル、干潮時には歩いて渡れる。未明に斥候が渡河すると、中国軍に退却する気配が見られた。第九師団はすかさず攻撃を繰り返し、夜に入って一部がクリークを渡った。二十五日には残る連隊も相次いで渡河した。

第三師団は、やや遅れて二十四日に走馬塘クリーク前まで進み、二十五日未明にクリークを渡った。

第百一師団が大場鎮の前まで進んだのは十月二十五日だった。大場鎮は戦車壕で囲まれている。三万から四万人ほどが住んでいた町の家は空き家となっていて、その多くがトーチカに変わり、中には周囲が二〇〇メートルに達する大きなトーチカさえある。第三師団と第九師団は既に大場鎮西側の走馬塘クリークを渡っており、大場鎮を守っている中国軍は浮足立つ。

10月27日、呉淞路にあがった「日軍占領大場鎮」のアドバルーン

二十六日は、前夜から引き続いて大場鎮前のトーチカとの戦いとなった。夕方にはとうとう一部が大場鎮に突入し、もう一方は大場鎮の東側の走馬塘クリークまで進んだ。大場鎮に突入した部隊は、夜になると掃討戦を始めた。

上海に上陸してから二か月余り、上海派遣軍は最大の目標であった大場鎮をようやく攻略したのである。

松井軍司令官は陣中日誌に記した。

「欣快これに過ぎず。けだし偏《ひとえ》に皇威と将兵の忠烈によるものにして感激無量なり」

大場鎮が日本軍のものとなったことを知った報道部は、アドバルーンを上げることにし、数人が徹夜で「日軍占領大場鎮」と文字を縫いあげ、翌二十七日、上海の日本人街に上げた。八月二十三日の上陸以来、はじめての朗報だった。

善通寺第十一師団は、羅店鎮の南東に進出した後、十月九日に揚涇クリーク手前の北覧溝攻略へ向かい、続いて十三日から揚涇クリークの渡河に移った。東西に走る揚涇クリークは、北覧溝で直角に曲がって南下し、八キロメートルほど流れて呉淞クリークに注ぎこむ。河幅は一五メートルから三五メートルあり、対岸には鉄条網と陣地が構築されている。

北覧溝の攻撃は十三日から始まったけれど、対岸に拠点を築くことはできず、十七日になり、日本軍が進出した一帯に守備のため一部を置き、残りは南翔を目指すことになった。二十六日、善通寺第十一師団は大場鎮に匹敵する強力な陣地である南翔に向けて出発した。

第三師団は、大場鎮で休むことなく南下し、蘇州河に向かった。第百一師団は、二十七日になって司令部も大場鎮に入り、師団はここで待機することになった。

蘇州河は、上海の西方にある蘇州を起点とし、数百キロメートル下って上海の市街地を東西に流れ、黄浦江に注ぎこむ。大場鎮を落とした今、上海はほぼ日本軍の制圧下になったが、中国軍は蘇州河の南岸にも陣地を構えており、戦いは終わったわけではない。

第三師団は、第九師団と共に蘇州河へ向かった。大場鎮から蘇州河まで七キロメートルほどあり、この進出に四日を要した。蘇州河まで進むと、対岸からの中国軍の砲撃に、再び停滞せざるを得なかった。

意表をついた第十軍の杭州湾上陸

十一月五日、上海戦線に決定的な転機が訪れた。大場鎮陥落に加え、上海南方六〇キロメートルの杭州湾に面した金山衛へ日本の第十軍が上陸したのだ（地図④参照）。上陸してもそれほど抵抗を受けることなく、これまでのような中国軍の反撃や夜襲もなかった。上陸そのものはある程度予想はされていたけれど、日本軍との主戦場に大軍を移動していた中国軍にとって、やはり意表をつく日本の大軍の上陸だったのだろう。

翌六日、「日軍百万上陸杭州北岸」と縫いあげたアドバルーンが上海の街に上げられた。大場鎮攻略以来、いくつかのアドバルーンが上げられたけれど、このときのアドバルーンは最も効果があり、蘇州河で戦っている中国軍に大きな動揺を与えた。

第十軍の作戦目的は、苦戦している上海派遣軍を支援することだが、中国軍に決定的な打撃を与えることも目的の一つであり、国崎支隊はただちに上海南西にある松江を目指し、第六師団は上海西北の崑山を目指した。

第三師団は十月三十一日から十一月二日にかけ蘇州河を渡った。第九師団も十一月一日に一部が渡河した。しかし、その先にある強力なトーチカのため、進めずにいた。このとき日本の第十軍が杭州湾に上陸してきたのだ。

第十軍が上陸して、中国軍は背後にも敵を抱えることになったが、戦いは続いていた。しかし、第十軍が崑山方面まで進めば、中国軍にとって撤退の路が遮断されることを意味している。中国軍は動揺した。

それまで頑強にもちこたえていた中国軍は九日、一気に崩れた。

中国軍は一斉に郊外に向かって退却し始めた。あれほど勇敢に戦っていた中国軍がそれまでの戦いがうそのように大挙して我先に退却していったのだ。

こうして十一月九日、日本軍は上海を完全に封鎖した。居留民を保護する目的は中国軍の攻撃から三か月にしてようやく達成されたのである。

しかし、上海が陥落すれば中国は屈服するかもしれない、という日本の参謀本部の予想ははずれた。中国は屈服しなかった。

屈服の代わり退却したのだが、その退却も予想外のものだった。

中国軍の退却の様子を、李宗仁《りそうじん》はこう記述している。

「各軍は大慌てで撤退した。敵機の日夜を問わぬ爆撃が加えられ、人馬は錯綜《さくそう》し秩序は大いに乱れた。数十万の大軍は、鉄筋コンクリートで作られた蘇嘉の国防陣地に辿《たど》りついた。しかし退却の足を止められなかった。陣地には堅固なトーチカがあったが、退却する兵士たちは鍵を見つけられず中には入れなかった。その結果、トーチカはすべて放棄された。壊滅的退却の悲惨さは、一言では尽くしがたい」

退却というより、潰走《かいそう》に近かった。いや、潰走そのものだった。退却の途中には呉福線や錫澄線、いわゆるヒンデンブルク・ラインと言われていた陣地がある。本来なら、ここによって日本軍を迎え撃つはずだった。これらの陣地は上海の陣地より堅固だったかもしれない。しかし、中央直系軍にも、中央傍系軍にも、この陣地に止《とど》まって態勢を立て直し、日本軍を迎え撃とうとする者はいなかった。ドイツ軍事顧問団の指導により、多大なお金と二年の年月をかけたヒンデンブルク・ラインの陣地は、全くの無駄となったのである。

黄杰は、大場鎮を前にして防衛に当たっていた中国第八軍長だが、こう述べている。

「約百日の上海戦は、私が経験した中で、最も苛酷な戦いの一つであった。

この戦いは一面では〝水〟との戦いであった。上海周辺には水田のほか、沼やクリークばかりで、身を隠すところがない。一週間以上も水につかったまま戦うことも珍しくなく、このため足がマヒして動けなくなる兵士が続出した。

日本軍の損失は大きかったが、中国軍も大きな犠牲を払った。特に中国の最精鋭軍二万のうち、無傷で残ったものは、わずか五千という損失をこうむった。抗戦の最初に、虎の子の軍がやられたのは痛手だった」

一方、軍政部長の何応欽はこう記述している。

「十週間のうちに、我が軍の消耗は八十五個師の多きに達した。負傷あるいは戦死した士官と兵士は、三十三万三千五百余人であった」

顧問団に指導された中国の精鋭軍も日本軍以上の多大な犠牲を払っていたのだ。蔣介石直系の精鋭はほとんど殲滅されてしまった。補充兵が何度も送りこまれたが、最後に精鋭部隊はその体をなしていなかったのである。

こうして上海派遣軍はようやく目的を達成したのだが、三か月に及ぶ苦戦は上海派遣軍に新たな問題を課していた。上海派遣軍は、これほどまで苦しめた中国軍に決定的な打撃を与え、再起できないようにしなければならない。上陸したての第十軍は、このまま中国軍を追撃して、南京まで攻め落とそうという意気込みで中国軍を追撃している。

しかし、損耗著しく疲れ果てた上海派遣軍にはそのような気持ちはなかった。

上海を制覇してから十日、参謀本部作戦課長の河辺虎四郎大佐が上海派遣軍を訪れた。はたして追撃に移る余力がどのくらいあるのか、それを探るのが訪問の目的である。

大場鎮南方一キロメートルほどの部落にある上海派遣軍司令部を訪れた河辺大佐は挨拶して来意を告げるけれど、飯沼参謀長以下六、七人の派遣軍参謀はほとんど見向きもしなかった。

それほど上海派遣軍は疲れきっていたのだ。これほどの苦しい勝利もなかったろう。三か月にわたる上海の戦いが終わった。日本軍の戦死者は一万七十六名、戦傷者は三万一千八百六十六名、合わせて四万一千九百四十二名にのぼった。約四か月半で六万余りの死傷者を出した旅順攻略戦に匹敵《ひってき》したといえよう。日露戦争以来、最大の犠牲者を生みだした。この後、中国との戦いは九年間続くけれど、中国戦線でこれほどの犠牲者を出した戦いはない。

止まることのないドイツの中国支援

日本の抗議にもかかわらず、その後も相変わらず中国へのドイツの軍事援助が止まることはなかった。戦いが続くにつれ、却ってファルケンハウゼンの執念は燃えさかり、中国との関係はいっそう深まったようにさえ見えた。

十月上旬、岐阜歩兵第六十八連隊が呉淞クリークを渡って攻撃していたとき、中国軍の中に白人の外国人指揮官が目撃された。ドイツの将校だったのだろう。

山東省や山西省でも高級顧問団員が秘密裡に行動していた。

その一方、ドイツ国民は支那事変にほとんど関心を持たなかった。

「いつまで戦争をするつもりですか。金がかかりますね」

そういって日本人の前で札びらを数える手つきをするドイツ人がいた。

南京を防衛するべきかどうか、十一月中旬に中国軍の首脳会議が三度持たれた。蔣介石軍事委員会委員長、何応欽軍政部長、李宗仁参謀総長、白崇禧参謀総長代行、徐永昌軍令部長、南京衛戍《えいじゅ》軍司令長官となる唐生智らが集まったが、この席にファルケンハウゼンも呼ばれた。ファルケンハウゼンは最高機密の会議にも出席していたのである。

意見を求められたファルケンハウゼンは、抵抗せず南京を放棄するよう進言した。そして、ファルケンハウゼンは楽観的だった。

「中国は今後もかなり長期にわたって抗戦できる、南京の陥落は軍事面よりもむしろ政治上の意味を持つものだ。うまくいけば、半年間、抗戦を継続できる」

こう分析した。

実際、上海戦後日本軍は南京も攻めおとしたけれど、それでも中国は降伏しなかった。和平交渉はまとまらず、支那事変（日中戦争）は長期戦の様相を呈してきた。

昭和十三年の年が明け、支那事変は二年目に入った。

新しい年に入ると、しばらく双方に目立った動きは見られなかったが、三月になると、北支那方面軍の第五師団と第十師団が津浦線《しんぽ》に沿って南下を始めた。

この間、中国軍では津浦線一帯を第五戦区に指定し、李宗仁が司令長官に任命されていた。李宗仁の下には、湯恩白と孫連中が指揮するおよそ二十万の軍が組みこまれた。南下するうち、第十師団では瀬谷啓少将を指揮官とする瀬谷支隊が編成され、そのうちの一部が要衝の一つの台児荘《たいじそう》に向かった。

数で勝る中国軍が勝利を得るためには、少数の日本軍を包囲することである。南下する日本軍を中国の大軍が迎え撃つ作戦はファルケンハウゼンが指導した。

台児荘一帯は麦畑が続く平野で、瀬谷支隊は知らず知らず中国の大軍の中に入りこむ形となった。李宗仁は、日本軍が進んだ後に入り、兵站《へいたん》線を遮断し、瀬谷支隊を孤立させる作戦に出た。台児荘を攻めていた瀬谷支隊の兵力は千名にも満たなかったため、中国の大軍の中で後方と連絡が取れなくなり、台児荘を攻めたものの最後のひと押しができずにいた。四月に入り、瀬谷啓少将の判断で、ほぼ手中にした台児荘から撤退することにした。

瀬谷支隊の撤退は、大軍の中に入りこんだ場合の適切な判断と日本軍では評価されたけれど、中国では、中国軍の大勝利と宣伝し世界中に広めた。

「中国軍、一万の日本軍を捕獲」

「日本軍大敗北、内閣の危機」

さまざまな文字が海外の新聞に躍った。漢口では祝賀行列が連日行われ、李宗仁はたちまち中国の英雄となった。

ファルケンハウゼンの作戦は見事に当たった。この戦いでドイツ製155ミリ榴弾砲もはじめて使用された。

敵が敗走すれば、追撃して徹底的に殲滅するのが戦闘のイロハだけれど、瀬谷支隊が撤退しても中国軍は追撃戦に移らなかった。周囲には中国の大軍がいて、増援部隊も送りこまれたが、それらに追撃が命令されることはなかった。

李宗仁の誤判断か、日本軍が撤退しただけで満足したのか、ともあれ、日本軍を殲滅できなかったと聞いたファルケンハウゼンは頭髪を掻《か》きむしって怒りを現した。

予想もしなかった死傷者を出した上海戦と、実態はさほどではなかったものの「支那事変はじまって以来の日本軍の大敗」として世界中に知られた台児荘の戦いは、ドイツ軍事顧問団とファルケンハウゼンの力がものをいったのである。

日本軍はどこまで把握していたか

中国の情報を収集するため、日本陸軍は数多くの機関を配置し、多くの人材、資金を投入し、多大な努力をしてきた。大使館付武官、駐在武官、特務機関員、軍事顧問とさまざまな肩書を持った将校が中国に行き、情報収集に当たった。多くの予算が投入されたのは外務省も同じである。そこで多くの情報を得て、外国の情報では中国のものが最も多く集められた。

ドイツ軍の対中武器支援も、軍事顧問団に関する情報も、集められたのは言うまでもない。

中国に派遣され、中国の事情に通じている将校は、支那通と言われ、東京に戻ると、隊付きとなるほかは第二部（情報）支那課に配属されることが多かった。中国と参謀本部第二部を行き来するのである。

支那通と称された彼らは、どのくらいドイツ軍事顧問団の情報を掴んでいたのだろう。

この前後、上海には楠本実隆大佐、佐方繁木少佐、宇都宮直賢大尉らが駐在武官としていた。南京には大城戸三治大佐、雨宮巽中佐がいた。北京の大使館や支那駐屯軍には喜多誠一少将、和知鷹二中佐、林義秀中佐、専田盛寿少佐、今井武夫少佐らがいた。

彼らの見聞した情報は参謀本部第二部に送られる。そのころ、第二部長は渡久雄少将、支那課長は永津佐比重大佐、支那班長は高橋担大佐、兵要地誌班長は渡左近大佐である。第二部に集められた情報は、さらに第一部（作戦）に回され、作戦が立案される際の参考にされる。

こういった部署にいた人たちは、ドイツ軍事顧問団の情報を把握し、作戦を立てるとき参考にしたと思うのだが、それはどの程度だったのか。

残された記録によれば、永津支那課長は、黄河に沿って堅固な防御ラインが構築されていることを知っていた。第二次上海事変が始まる五か月ほど前には上海を視察に訪れ、上海派遣憲兵の案内で第一次上海事変の戦跡である廟行鎮を見ており、周辺の民家がトーチカに作り替えられていることは、見るか、聞くか、していたであろう。

石原莞爾第一部長は中国をこう表現した。

「支那は広いよ。行けども行けども、果てしがない。河でも山でもスケールがちがう。あれじゃいくら意気ごんで攻めてみても、暖簾に腕押し、退くに退けず、とうとうこっちが根負けだよ」

中国の広さを強調するけれど、ドイツ顧問団のことにはまったく触れていない。ドイツに関する情報を考慮した気配が見られない。

盧溝橋事件が起こり、陸軍中央部の意見が不拡大と一撃とに分かれたとき、第二部、中でも支那課は、特に一撃論が強かった。

永津支那課長は、参謀本部の主戦論の中でも最右翼で、

「日本は動員をやったら必ず上陸しなければならぬと考えるから、どうしても控え目になるのだ。上陸しなくともよいから、塘沽《タンクー》付近まで船を回してもって行けば、それで北京、天津はもう一先《ひとま》ず参るであろう」

と主張していた。

石原第一部長が、不拡大方針説得のため、病気療養中の今井清参謀次長を自宅に訪問すると、永津課長が先回りして、

「石原のいうことは間違っている。支那は、小兵力をもって脅しただけで屈服する。この際一撃を加えて、我が方針の貫徹を図ることが最善の方策である」

という趣旨を述べ、拡大方針の説得に努めていた。

経験とその地位から、単なる強がりではなく、それまでの中国軍を把握、分析した上での確固とした信念だったのだろう。

支那班長の高橋担中佐は、北京で武官補佐官を務め、塘沽協定にかかわった経験を持っていた。

「内地動員の掛け声、あるいは集中列車の山海関通過にて支那側は屈服する」

「保定まで行ったら、支那は必ず手をあげる」

こう判断していて、第二部の会議でも、

「五個師団を支那に派遣したら、日支事変は解決する」

と発言し、温厚な渡久雄部長から、

「何をいうか！」

と強く叱りつけられている。ともあれ、高橋班長も、中国は簡単に手をあげると分析していた。

兵要地誌班長の渡左近中佐も、

「せいぜい保定の一会戦にて万事解決すべし」

と考えていた。

盧溝橋事件が起こると、支那課の川本芳太郎少佐が北支を視察、七月十六日に帰還報告を行ったとき、

「北支における日本の隠忍は、（中国の）第二十九軍をして早くも誤れる勝利感に酔って心が驕《おご》っている。是非とも一撃を加える必要がある」

と述べている。やはり一撃論である。

南京駐在武官として蔣介石と接していた大城戸三治大佐も、

「いまどきなおかつ不拡大を叫ぶごときは、井底の蛙大海を知らぬもの」

と論及していた。

このように、ほとんどの支那通は、中国軍が簡単に降参すると判断していて、一撃を加えることを主張していた。

杉山陸軍大臣は天皇陛下にこう上奏している。

「一か月内に片づけます」

現地の支那駐屯軍の中では、和知鷹二中佐が最も強硬な意見を持っていた。

支那駐屯軍は、陸軍中央部から不拡大の方針が指示されていて、それに従っていたのだが、

和知参謀が強く反対するため、橋本群参謀長は和知中佐を他に転出させたいと考えた。とりあえず東京に招致させることにしたい、と上申書を出し、七月二十三日、和知中佐は東京に呼ばれた。それほど和知中佐は強硬な意見を持っていたということである。

このとき和知中佐は石原第一部長とまっこうから対立し、

「石原が、現地の軍事行動を阻止するならば、彼を殺す」

とまで言明して、息まいたという。

しかし、簡単に中国が手をあげるという全ての予測ははずれた。といっても、戦いとなればたいへんなことは支那通も考えていたようだ。

高橋支那班長は、まもなくして参謀本部付きのまま欧州に派遣され、上海戦たけなわのときベルギーにいた。そのとき首都ブリュッセルでは九か国会議が開かれようとしていた。中国が日本の戦争行為を国際連盟に提訴、連盟の勧告によりブリュッセルで会議が開かれることになったのである。日本のベルギー大使館にやってきた高橋大佐は、来栖三郎大使たちに依頼していった。

「日華事変は上海方面の戦況が展開し、いつでも南京に進撃し得る態勢になったときに、講和する方針であるから協力を頼む」

「日本軍の大方同様、高橋大佐も根本は急速収拾の方針であった」

来栖大使はこう述べている。

支那駐屯軍の和知鷹二参謀は、東京に呼ばれてすぐに大佐に進級すると共に高知歩兵第四十四連隊長となり上海で戦うことになった。

動員が下った日、緊張感が漲《みなぎ》る営内で和知連隊長は部下の中隊長から質問を受けた。

「今度の戦争はどのくらい続くのですか」

和知連隊長は即座に答えた。

「少なくとも十年ぐらいかかるだろう」

中国が簡単に手をあげると分析していた一方、戦争が長引くとも考えている。矛盾しているようなこの見方はどこから来ているのか。

参謀本部の第二部の欧米班にいた杉田一次少佐は、そのころの第二部をこう述べている。

「ドイツが早くより有力な軍事顧問団を中国に派遣し、長期に亙《わた》って軍事援助を行い、日本を相手とする国防充実に手を貸していたことに日本は無知であった」

杉田少佐のいう無知とは、単に知らなかったというのではなく、知ってはいたけれどそれほど重要だと判断しなかった、うすうす知ってはいたけれど深く理解していたわけではなかった、ということなのだろう。

上海の戦いが始まると、作戦担当の第一部第三課から参謀が現地に派遣された。

西村敏雄少佐は上海を視察して九月十日帰京した。しばらくして二宮義清少佐が派遣され、十月八日に帰京した。双方の報告を見ても、ドイツ軍事顧問団やドイツ指導の陣地構築には触れられていない。

十一月に入り、作戦課長になった河辺虎四郎大佐は課員の井本熊男大尉と共に上海に向かい、

十七、十八の両日、方面軍と上海派遣軍の首脳と会った。そこでは、敵陣地に触れても、日本軍を強化したり、作戦全般にかかわったドイツ軍事顧問団が話題になることはなかった。
河辺虎四郎大佐の後に作戦課長となる稲田正純中佐は、

「(ドイツ軍事顧問団は)作戦の指導はしておらんでしょう」

と述べている。

現地軍も同様であった。

上海派遣軍の飯沼参謀長は九月二十三日の日誌に、武官室の情報としてこう記述している。

「地上にはドイツ軍人指導しあり、乍浦より蘇州に至る防御線(中国人はこれをヒンデンブルグラインと称しあり)はドイツ教官の指導によると」

つまり、ドイツの指導と陣地構築をまったく知らなかったわけではない。しかし、その影響力に言及することはなかった。

十月二十五日、在日ドイツ大使館のオット武官が上海派遣軍司令部にやってきて、松井司令官や飯沼参謀長と会い、フランス語で会話をし、松井大将とは昼食を共にした。ここでも、軍司令部がオット武官に顧問団の活動を抗議した気配はない。

これらから、ドイツ軍事顧問団が作戦と陣地の構築にかかわっていることは上海派遣軍にも知られてはいたけれど、その力量をさほど重要視はしていなかったようだ。

確かに、日本が戦う姿勢を見せるだけで中国は屈服すると予測した支那通の見通しは、満州事変や第一次上海事変を見るならば、的外れではない。

満州での馬賊や匪賊の戦いと、その後の熱河作戦での万里の長城を挟む中国軍との戦いは、日本軍の鎧袖《がいしゅう》一触だった。

第一次上海事変は、昭和七年一月二十九日、閘北《ザホク》の特別陸戦隊が攻撃を受けて始まった。陸軍が到着するまで、三千名の陸戦隊が三万三千名の中国軍と戦った。

二月八日、混成第二十四旅団が呉淞桟橋から上陸、十三日、第九師団が呉淞桟橋と上海に上陸した。十六日には上陸を完了し、二十日、攻撃を開始した。

江湾鎮まで進んだところで日本軍が止まったため、さらに増派することになり、第十一師団が三月一日に呉淞桟橋の下流七了口に上陸した。

翌日、第十一師団は早くも大場鎮の西まで進み、三月三日には嘉定と南翔を結ぶ線まで進み、三日間で勝敗が決した。

このようなことから、戦えば日本が一方的な勝利を収めるとの判断を下していたのだろう。第二次上海事変も四千余名の陸戦隊が四、五万名の中国軍を相手に戦いが始まった。第一次上海事変と同じ呉淞鉄道桟橋に、ほぼ同じ兵力の日本軍が上陸した。同じだったのはそこまでで、その後はすっかり様相が違った。

第一次と第二次の違いは、第二次ではドイツ軍事顧問団が中国軍を訓練し、作戦を指導し、中国軍がドイツ製の優秀な武器を持ち、ドイツ軍事顧問団の指導する陣地構築ができていたということである。支那通はその判断を誤ったのではないのか。

昭和十三年三月三日、東京で「黙れ！」事件が起こった。

支那事変が長期化の様相を見せてきたため、それに対応する体制を整える必要にせまられた政府は、昭和十三年に入ると、総動員法案を議会に提出した。この日の委員会では陸軍省軍務課員の佐藤賢了《けんりょう》中佐が説明にあたっていたが、野党のやじに対して佐藤軍務課員は「黙れ！」と叫び、国会が大混乱となった。事件は陸軍の横暴を国民に印象づけ、佐藤賢了中佐を有名人にした。その佐藤中佐は法案の前提となる上海戦をこう説明している。

「上海に出兵するやたちまち頑強な抵抗にあい、非常な苦戦に陥った。蔣介石側は満州事変の際の上海戦の経験に鑑《かんが》み、ドイツ軍事顧問団の指導を受けて、すばらしい近代築城をしておった。地形も平坦で火器の威力が発揚せられ、あまつさえクリークが縦横に掘られてあり、攻撃は困難を極め、いたずらに砲弾を射耗した。北方ソ連に備えて内地に控置してある兵団の動員用砲弾までからっぽになった」

そして、こう続ける。

「万一北方に事が起こったら、少し誇張したいい方ではあるが、優良兵団はあるけれども、持って行く弾薬がない、という大失態を演じなければならない」

これを解決するため、政府は企業主に設備の拡張を命令し、それによって損失が生じたら政府が補償するという総動員法を提出した、というのである。

三段論法からすれば、ドイツ軍事顧問団が総動員法を作らせたともいえるのである。

軍務課にもドイツ顧問団の力は強く認識されていた。

しかし、こうした中国の状態を当時の支那通は過小評価してしまったのではないだろうか。

ヒトラーの方針転換

日本か中国か。ヒトラーは二者択一を迫られていた。そしてやがて日本を選ぶ。

昭和十二（一九三七）年十月二十七日、日本からは欠席を、中国からは出席を、と求められていたブリュッセルの九か国会議にヒトラーは欠席を決めた。

十一月六日、これも外務省が反対していた日独伊三国防共協定が締結され、日本寄りをいっそう鮮明にした。

それでもヒトラーは揺れ動いていた。中国への武器輸出金額は膨大で、簡単には捨てられない。武器輸出を禁止したけれど、輸出はこっそり続けられていたのである。

二者択一という厳しい決断からドイツを解放してくれる道があった。日中が和平することである。このためドイツは和平の取り持ちを始めた。

このときディルクセン駐日大使は蔣介石に影響力のあるドイツ軍事顧問団を仲介者に役立てようと考えた。その考えをベルリンに送り、十一月九日、ベルリンからの正式指令により、ファルケンハウゼンは蔣介石夫妻、孔祥熙財務部長、白崇禧副参謀総長らに会った。ファルケンハウゼンは、戦争が長びいて経済上の混乱が起これば、中国は共産主義者たちの餌食《えじき》となるだろう、日本には逆にその危険がない、と述べ、日本との和平をすすめた。

和平は、ブリュッセル九か国会議に希望を託していた蔣介石が返事を保留したため、うやむやになった。

十二月七日、今度は中国からの要請でディルクセン駐日大使が広田弘毅外相と会った。十三日になって南京は陥落、二十一日、日本の新しい条件が提示され、二十七日、トラウトマン駐華大使から孔祥熙財務部長に伝えられた。前と違い中国側にとっては厳しい条件となっていた。トラウトマン大使は、ファルケンハウゼンを通して再度中国側を説得しようとした。十二月下旬、ファルケンハウゼンは中国側と会ったが、中国側は返答を留保した。一月一日、蔣介石が行政院長を辞任し、和平は流れた。

ともあれ、和平交渉でドイツが仲介に立てたことは、日本にも中国にも顔が立ったのである。和平が持ちあがりはじめた十一月五日、ヒトラーは国防大臣兼国防軍最高指揮官ブロンベルク、陸軍司令官フリッチュ、空軍司令官ゲーリング、海軍司令官レーダー、外務大臣ノイラートを前にして、チェコスロバキアとオーストリアを併合する時期がまもなくやってくるとの見通しを語った。ヒトラーが権力を握って四年が過ぎ、戦争へのヒトラーの不退転の決意を披瀝《ひれき》したのであり、それを知って、ブロンベルク国防大臣とフリッチュ陸軍司令官とノイラート外相は驚き、反対した。

これまで国防軍と外務省は、極東の問題についてヒトラーに反対してきた。

もともとプロシアの伝統を引きついでいる陸軍の将校は一つにまとり、ヒトラーに対する一大勢力となっていた。ヒトラーが新たな一歩を踏み出すには、国防軍を完全に支配下に置くことが改めて必要となった。

昭和十三（一九三八）年一月二十五日、結婚問題を取りあげてヒトラーはブロンベルク国防大臣を解任した。数日後、今度は同性愛の問題をあげてフリッチュ陸軍司令官を解任した。さすがにこのときはベック参謀総長以下の国防軍はヒトラーと対決する姿勢を見せた。しかし、ヒトラーの再軍備に国防軍も賛成してきたことに加え、どんな命令にも従うという軍人精神が災いし、反対でまとまるまではいかず、フリッチュ解任を国防軍が受け入れた。

二月四日、ブロンベルクとフリッチュの辞任が発表され、ヒトラーは国軍最高指揮官と国防省を廃止、新たに国防軍最高司令部を創設、三軍をここに従属させ、ヒトラーが国軍最高指揮官を兼任した。

このとき、外務省にも大変革が加えられた。

四年前、ヒトラーが首相に就任するときの条件の一つは、ヒンデンブルク大統領が外相を任命するというもので、以来、外務省はヒトラーと一線を画することが多かった。

ノイラートは外交専門家を自負し、ヒトラーの外交にしばしば反対した。中国への武器禁輸、ドイツ軍事顧問団引き揚げ、日独防共協定締結などにも反対の姿勢を持ちつづけた。ヒトラーが日本との緊密化をはかると、外務省は却って親中国感情を増すこともあった。

対してリッベントロップは、日独防共協定と日独伊三国防共協定など、国際政治体制を打破しようとするドイツの姿勢に沿う協定の締結に成功し、外交官としての実績を示した。

結局、外務大臣がノイラートからリッベントロップに代えられ、イタリア大使など主要な大使も解任された。

国防軍はヒトラーのもとにひれ伏し、外務省はリッベントロップのもとヒトラーと同じ路を歩むことになり、ヒトラーの権限はさらに強固なものとなった。

長い間、うやむやのままになっていた武器輸出と顧問団は、新しい外務大臣のもとで急展開を見ることになった。

二月五日、広田外務大臣は改めてディルクセン駐日大使に武器輸出の停止を迫った。

四月二十七日、とうとうゲーリング元帥は武器輸出を今後禁止すると決定、五月三日から実施されることになった。

武器輸出の停止が決まると蔣介石は、

「イタリアですら発注済みの武器輸出を撤回したことはない」

と批判した。

五月五日、広田外相はドイツに対して二度目の抗議を行った。

ドイツは輸出禁止を決定したが、それで解決したわけではなかった。

前年九月、ゲーリング元帥は四か年計画の責任者に任命され、四か年でドイツを自給自足できる態勢に作りあげる任務を背負った。輸出を禁止したものの、既にまとまっている契約だけで二億八千二百万ライヒスマルクもあり、輸出できなくなればドイツ軍需産業は甚大な打撃を受け、その存在まで脅かされる。実行されなければ、昭和十三年だけに限っても、ドイツは現金、外国為替を合わせ、一億ライヒスマルクを失って、軍備のため必要な原料を買いつけることができなくなる。

そのため、実際は、昭和十二年八月以前の契約に基づく武器輸出は認められることになったのである。

しかし、リッベントロップ外務大臣は、契約済みのものであっても輸出禁止を主張した。とうとうゲーリング元帥が折れ、六月十五日、ようやく、すべての対中武器輸出が禁止されることとなった。

軍事顧問団は、

「引き揚げは中国に敵対行動を取ることになり、代わりにソ連の顧問がやってくる」

との理由からそのままにされていた。昭和十三年二月にファルケンハウゼンは蔣介石に「契約は履行する」と確約していた。

しかし、武器輸出禁止決定より顧問団の引き揚げの動きは早かった。

四月二十二日、ドイツ外務省から駐華大使トラウトマンに命令が来た。

「顧問団にただちに帰国するよう伝えよ」

この時点で二十四人のドイツ将校と七人のドイツ官吏が蔣介石のもとで働いていた。

ヴァイツゼッカー次官はベルリンの中国大使に「顧問団の存在はドイツが中国の戦争遂行に協力している印象を世界に広めている」と伝えざるをえなかった。

四月三十日、帰国命令に対してファルケンハウゼンは次のようにドイツ外務省に答えた。

「前線に顧問はおらず、契約を破棄するとそれぞれが経済上大変なことになる、去るにしても、

（顧問団各員の）辞職による損失をすべて補償して、旅費も全額負担してもらはなくてはならない」

五月十三日、リッベントロップ外相がこの条件を飲んだ。それによってファルケンハウゼンは、はじめて本国からの通告を団員に伝え、帰国準備をするよう指示した。

そうなっても、トラウトマン駐華大使は、段階をおって帰国させようと提案し、すんなり収束に向かわなかった。

しかし、リッベントロップ外相は提案を一蹴した。さらに、指示に従わない場合とんでもない結果になることを顧問団に伝えるよう訓令した。それはヒトラーの意向だった。リッベントロップ外相は商業上の利害など一切眼中になく、ドイツ国民を中国から帰国させることまで考えていた。

六月八日には顧問団の帰国を中国政府からとりつけるよう、六月十日には帰国の期日をはっきりさせるよう、トラウトマン大使に命令が来た。

軍事顧問団の働きを高く評価していた蔣介石も素直には従わなかった。ファルケンハウゼンだけはもう少し残れるように、あるいは帰国するのは数人ですむよう、ベルリンで工作させた。

リッベントロップ外相はこれも拒否した。

「蔣介石が顧問団の帰国に反対するなら、即座に駐華大使を引き揚げることを考慮している」

と通告した。

それでも蔣介石はもう少し何人かを残しておこうとした。

ファルケンハウゼンは、前年暮れ、

「本国から召喚命令を受けても、一市民として中国を援助する」

と中国にとどまる覚悟を明言し、蔣介石たちを感動させていて、このときも、中国国籍を取り、残留することまで考慮した。

六月二十一日、とうとうドイツは中国に対して最後通牒を発した。

「六月二十三日まで全員が帰国の途につくことを中国が認めると声明し、実行しなければ、大使は即座に帰国する」

トラウトマン大使は中国側に、

「顧問団の引き揚げがうまくゆかなければ、両国の関係はただちに断絶する」

と伝えざるをえず、顧問団には、

「帰国しなければドイツ国籍を失い、母国の財産は没収される」

と警告した。

六月二十三日、蔣介石はついに折れた。全員の契約解消に同意したのだ。

それでも、団員のうち五、六人は漢口と揚子江付近の陣地を熟知していて、日本側に軍事上の機密が漏れることを恐れたため、一時的に止《とど》めおくことを主張した。

リッベントロップ外相はこの回答にも満足しなかった。ついにトラウトマン大使に、代理公使に職務を委ねて帰国するよう命じた。

副総統ヘスは、ドイツ将校の名誉心が疑われる場合、代理公使は強く抗議すべきだと言明した。

副総統ヘスの言明は、全員の帰国を命じたヒトラーの意向が改めて示されたものといえよう。

一九三八年六月二十四日、とうとう顧問団は事務所を閉鎖し、蔣介石の許可が下りる下りないにかかわらず帰国することを決定した。

六月二十八日、トラウトマン大使が召喚された。

最後になって、蔣介石は顧問団のためお別れパーティを盛大に開いた。

七月五日、屋根にハーケンクロイツが描かれた特別列車は、香港に向けて漢口を出発した。

それでも中国に残った者がいた。ナチス突撃隊の東部指導者を務めていたヴァルター・シュテンネス大尉である。シュテンネス大尉は昭和六年にヒトラーと対立し、反乱を起こして解任され、そのときシュテンネスの部下約一万もナチスを辞めている。ナチスを辞めたシュテンネスは、中国に来て、蔣介石の親衛隊長を務めていた。

「日本は絶対に中国に勝つことはできない」

そういってシュテンネスは中国にとどまった。

ヒトラー暗殺に関わるファルケンハウゼン

ゼークト大将は、ドイツ将校が海外に出ていき、軍事を指導する道をつけ、自らも中国に赴いた。中国では、ドイツ国防軍と産業界が手をたずさえて中国軍を作りかえる体制も作った。

ゼークトは、昭和十（一九三五）年三月、中国を去った。翌年十二月に死亡したとき、ドイツで準国葬の扱いを受けた。中国では厳粛な慰霊祭が行われた。南京にいた中国軍将領のほとんどが参加し、蔣介石の代理として何応欽軍政部長はこう述べた。

「中国将校団はフォン・ゼークト大将の人格を模範とすべきだ」

ゼークト大将から顧問団長を引きついだファルケンハウゼン中将は、昭和十三年にドイツに戻り、その一年後に現役に復帰した。

ときは第二次大戦が始まろうとしていた。

一九四〇年五月九日、突然、ドイツ軍は西部戦線で攻勢に出た。数日後に機甲兵団はルクセンブルクを越え、十五日にオランダを占領、二十八日にはベルギーも陥落させた。そのままフランスに向かい、六月十四日にパリを占領、二十二日、フランスとの間に休戦協定を締結した。あっという間だった。ドイツ軍の電撃作戦は、日本を含めて世界を震撼《しんかん》させた。

戦闘が終わった後、これら占領地域の駐屯軍指揮官を命ぜられたのがファルケンハウゼンである。五月二十二日、ベルギー・北フランス地区司令官に任命され、同時にオランダ地区の司令官も命ぜられた。さらに四日後、ルクセンブルクの司令官も兼任した。

ファルケンハウゼンの任務は、警備を中心とした軍の司令官としてのものであり、行政官は別にいて、どの地区でもその国の国民による大幅な自治が認められた。

占領地での軍司令官としての任務は四年間続き、この間、ファルケンハウゼンは中国問題で対立してきたヒトラーの暗殺計画と関わるようになる。

ヒトラー暗殺計画は、ライプチヒ市長だったカール・ゲルデラー、元駐ローマ大使ハッセル、参謀総長を務めたベックなどで進められた。ゲルデラーは一九三六年にナチスと手を切って以来、ナチスに反対をとなえていた。ハッセルは外務大臣がノイラートからリッベントロップに代わったとき、駐ローマ大使を解任された。それから五か月後、ベックはヒトラーに逆らって参謀総長を辞任した。

ファルケンハウゼンが軍司令官となって二年目の一九四二年一月、ハッセル元イタリア大使がブリュッセルにやってきて、彼の抱いている計画をファルケンハウゼンに話した。ファルケンハウゼンがヒトラーに批判的であることが知られていたからだろう。暗殺計画と関わっていたベックもファルケンハウゼンとは以前から関係があった。それがファルケンハウゼンが暗殺計画に関わるきっかけだった。

一九四三年九月、シュタウフェンベルク中佐がベルリンに来て陸軍総務局の幕僚長となり、暗殺計画が具体的になる。

四四年になると軍人として最も国民に人気のあったロンメル元帥が暗殺計画と関わるようになる。ロンメルは、連合軍の上陸にそなえてフランスに行き、前から知り合いのファルケンハウゼンと会って暗殺計画に引き込まれたのである。

ファルケンハウゼンはその後もロンメル元帥やフランス駐屯ドイツ軍司令官シュテルプナーゲルと会い、ヒトラーが暗殺されたならファルケンハウゼンとシュテルプナーゲルが直ちに配下の軍隊を連れてベルリンに向かうことになっていた。

シュタウフェンベルク中佐は、補充兵の説明で総統の本営に行くチャンスをとらえ、ヒトラーを暗殺しようとした。

七月二十日、いよいよ暗殺計画が実行されることになった。正午過ぎ、シュタウフェンベルクは、十分後に爆発するよう仕掛けた爆弾を書類鞄に入れ、本営の会議室に置き、こっそり部屋を抜け出した。その直後に爆弾が破裂、会議室は壊れ、窓から吹き飛ばされた人も出た。何人もが死んだが、ヒトラーは助かった。

一味はたちまち鎮圧され、ファルケンハウゼンが軍を率いてベルリンに向かうこともなかった。

事件から九日後の七月二十九日、ヒトラー暗殺計画に関与したとしてファルケンハウゼンはゲシュタポに逮捕された。

暗殺計画は、個別に秘密裡に進められていたため、全容は誰にもわからなかった。ファルケンハウゼンが逮捕されてひと月後、ロンメルが関与していることも明らかになったが、国民的英雄の処刑をヒトラーは躊躇した。十月十四日、ロンメルは自決する代わりに、以前に負った傷で逝去したと発表され、国葬にされた。

ファルケンハウゼンはダッハウ強制収容所などで監禁されつづけた。この件では何千人も逮捕され、ただちに処刑された者もいれば、裁判に付された者もいた。あまり多くて裁判もなかなか進まなかった。どういうわけかファルケンハウゼンが直ちに裁判に付されることも、処刑されることもなかった。計画の全容が解明されていなかったからであろう。

やがてファルケンハウゼンは、元国立銀行総裁で経済相のシャハト、元参謀総長のハルダーなどと一緒に監禁され、ひとまとめに処刑されることになった。

処刑寸前の昭和二十（一九四五）年五月四日、アメリカ軍によって彼は救出され、処刑をまぬがれた。それはヒトラーが自決して四日後だった。

その後、ファルケンハウゼンは戦争捕虜として昭和二十三年まで連合軍に収容され、ベルギーに引き渡され、戦争裁判にかけられた。

昭和二十六年三月、ファルケンハウゼンに、ブリュッセルで約二万五千人のベルギーのユダヤ人を国外追放し、ベルギー人の人質を処刑したとして十二年の懲役判決が下った。ファルケンハウゼンがオランダの軍司令官を務めていたとき行政長官を務めていたザイス＝インクヴァルトはすでにニュルンベルク裁判で絞首刑となっていた。

しかし、長年の拘留期間が考慮され、ファルケンハウゼンは三週間後に釈放された。

この間、ファルケンハウゼンは、支那事変三周年目に抗日戦を称賛する書簡を蔣介石に送っていた。蔣介石はファルケンハウゼンの裁判に尽力し、彼の家族へ経済援助をした。

昭和三十三（一九五八）年のファルケンハウゼン八十歳の誕生日には、台湾に逃げのび支配者となっていた蔣介石は三千ドルの小切手を贈ったという。

あとがき——顧問団なかりせば

大場鎮が陥落すると、さっそく内地では提灯行列が行われ、国内中が慶祝に沸いた。それからまもなく、日本軍は上海を封鎖した。昭和初期の経済不況が癒えた上、戦争景気もあって、日本中が酔った。

その戦捷《せんしょう》の陰で、予想もしなかった犠牲者が出ていた。公式発表されることがなかったから、国民が知ることはなく、戦後になっても大東亜戦争の犠牲者の陰に隠れて知られることはなかったが、四万一千余人もの戦死傷者を出していた。名古屋駅に帰ってくる白木の箱が途切れることはなかった。

最初の悲しみが過ぎると、そのうちの何柱かは、遺族によって石像が造られ、名古屋市の月ケ丘墓地に建立された。呼びかける人がいて、遺族が戦没者一時金を出し、石工が協力して造りあげたのである。倉永辰治連隊長から兵隊まで、およそ百柱の英霊。そこは月ヶ丘軍人墓地と呼ばれるようになり、上海で斃《たお》れた若者に対して、遺族だけでなく、市民たちも悼み、戦争中は、お参りする人が引きも切らなかった。彼らの武勲は「支那事変忠勇列伝」としても刊行され、あるいは、大場鎮に「表忠塔」が建立され、松井大将の発願により熱海の伊豆山に「興亜観音」が建立され、慰霊された。

戦争に負けると、進駐軍は石像の撤去を命令し、その後、命令は撤回されたものの、彫られていた字が消されることもあった。さらに、長い年月の間に、墓地は荒れるままになった。平成七年十一月、区画整理のため墓地が取り払われたとき、石像群は愛知県知多半島の中之院に移されることになった。

中之院に移された石像は、土台が取られ、昔のように仰ぎみることはできなくなったが、しかし、その温和な表情は変わらない。激しかった上海戦がうそのような穏やかな顔をしている。彼らが物心つくころ、日本は未曾有の不景気と冷害続きで、その日その日の暮らしで精一杯だったはずだが、そのような陰は石像からは微塵《みじん》も見えない。

石像の多くは既に無縁仏となっていて、上海戦がいかに激しかったか知る人がほとんどいなくなったように、やがて石像群の存在もほとんど忘れられた。

日本軍が多大な犠牲者を出した大きな要因がドイツ軍事顧問団の働きだったことも、ほとんど知られていない。石像に象徴される上海戦という民族の一大叙事詩も忘れ去られた。

日本では、昭和十五年以降ゼークトの著作が次々と刊行された。ゼークトは亡くなっていたが、著書が相次いだのは、三国軍事同盟が結ばれてドイツが注目されたからだろう。このとき、ゼークトが中国を対日敵視に導いたことは全く触れられなかった。

ゼークトも、ファルケンハウゼンも、なぜあれほど中国指導層に反日を煽ったのか、いまだもって明らかでない。

ドイツ軍事顧問団と上海戦線を目の当たりにしていた宇都宮直賢大尉は、戦後こう述べている。

「中国におけるドイツと、ソ連の軍事工作振りから見たら、大東亜戦争に入る前の英・米の動きなどまだまだ紳士的だったといえる」

日本はドイツに騙《だま》されていたと言いたかったのだろう。

もしあのとき、ドイツ軍事顧問団が中国にいなかったら——。歴史はどう変わっていたのだろう。支那事変は起きたのだろうか。少なくとも、上海での四万一千余という犠牲者は出ていなかったはずである。もっと早く上海での戦いが終わり、蔣介石との平和協定が結ばれていたかもしれない。そうなったら、南京攻略は必要なかった。さらに大東亜戦争はどうなっていたのだろうか。

大東亜戦争後半、米陸軍のウェデマイヤー大将は中国戦線のアメリカ軍司令官兼蔣介石参謀長に任命され、中国とうまくやれるだろうかと躊躇すると、ファルケンハウゼン中将の名前を持ちだされ、励まされたという。

そのウェデマイヤー大将が戦後の回顧録の中でこのような話を紹介している。

「もしも日中戦争の勃発が、二年ほど延びていたら、中国は日本軍の侵略を阻止するために、ドイツ式訓練を受けた六十個師団を投入できていたかもしれない。空には中国軍の標識をつけたメッサーシュミット機やシュツカ機が飛び、海上では中国人の乗り組んだ潜水艦が狼群戦法(潜水艦が集団をなして敵の船団を襲うやり方、第二次世界大戦中、ドイツのUボートが採用して戦果をあげた)で日本船舶に襲いかかっていたことであろう。あとで明らかになったように、日中事変のころの中国軍の装備の大部分はドイツ製であり、中国軍の多数の将校はドイツ式訓練を受けていた。

　また、その軍事組織と工業施設は、すべてドイツ方式をとり入れたものであった。もしも、中国がドイツ軍の方式、装備を採用した努力が国内に行きわたり、その効果をあげさせるようにするため、さらにあともう少し時間的余裕が与えられていたと仮定したら、日本軍ははるかに強力な中国軍と対戦することになっていたものとおもわれる。あのまま、ドイツ軍の装備、訓練方式が中国においてひきつづき実施されていたら、やがて中国はドイツの同盟国となって、中国の膨大な人的資源をまったく別な方向に向けることとなり、その結果、世界の情勢はおそらく大きく変わっていたかもしれない」

　日本国民は上海で斃《たお》れた人を忘れたわけではない。戦後、顧みることがなかったのは、占領下ということもあったし、自分たちが食うや食わずの生活を余儀なくされていたためである。

　占領軍の石像群破壊の命令に対し、「それなら我々を銃殺した上で取り壊せ」と抗議した人がいた。取り壊しが撤回された後、月ヶ丘軍人墓地で、ひっそりと草を取り、英霊に水をあげ、花を供えつづけてきた人たちがいた。中之院に移されたのも、協力する人がいたからである。今でも「興亜観音」を参拝する人が絶えないように、上海で斃れた人々の奮闘を、ほんの一部ではあっても、国民は心に強く刻みつけているのだ。

　御霊《みたま》の安らかんことを祈って筆を措《お》く。

資料1 日本 中国 ドイツ 関係年表

8（昭和）	1・30	ヒトラー、首相に就任
	3・27	日本、国際連盟脱退
	10・6	蔣介石、第五次掃共戦を発動
	10・14	ドイツ、国際連盟脱退
9	3・5	大島浩大佐、ドイツ駐在武官へ
	8・2	ヒンデンブルク大統領死去、ヒトラーが総統に
	12・28	武者小路公共、駐独大使へ
10	1・29	山本五十六中将、レーダー海相、リッベントロップと会う
	3・16	ドイツ、ヴェルサイユ条約の軍事条項破棄
	7・25	第7回コミンテルン大会開催「反ファシズム人民戦線戦術」決議
	11・4	オット駐日大使館付武官、日独協定の内容を入手、ゾルゲへ
	11・26	防共協定草案、ドイツから大島武官へ
11	3・7	ドイツ、ロカルノ条約を破棄、ラインラント進駐
	4・2	有田八郎、外相へ
	4・30	武者小路公共、一時休暇から帰任
	6・9	ヒトラー総統・武者小路大使会談

	7・24	有田外相、陸相、海軍次官合同会議で日独協定日本案を決定
	8・1	ベルリン・オリンピック開幕
	11・25	日独防共協定本調印
	12・12	西安事件が起こる
12	6・4	第一次近衛内閣
	7・7	北京郊外盧溝橋で日中両軍が衝突
	8・9	上海で大山中尉と斎藤一等水兵、中国保安隊に射殺される
	8・13	中国軍、八字橋で特別陸戦隊を攻撃
	8・14	閣議で二個師団の派遣を決定
	8・21	中ソ不侵略条約が締結
	8・23	第3師団、呉淞桟橋に上陸　第11師団、川沙口に上陸
	9・7	台湾支隊へ上海派遣命令
	9・11	第9、第13、第１０１師団へ上海派遣を発令
	9・24	日本軍、保定占領
	9・27	石原莞爾少将、参謀本部第一部長を辞任、後任に下村定少将
	10・25	日本軍、大場鎮を占領
	10・31	東郷茂徳、駐独大使へ
	11・3	ベルギーのブリュッセルで9か国会議始まる

	11・5	第十軍、杭州湾へ上陸
		ヒトラーの東方進出声明
	11・6	日独伊三国防共協定締結
	11・9	日本軍、上海を制圧
	12・1	大本営、南京攻略を命令
	12・13	南京陥落
13	1・15	中国との和平交渉打ち切り
	1・16	近衛首相、「爾後国民政府を対手とせず」と声明
	1・26	ブロンベルク陸相兼国防軍総司令官とフリッチュ陸軍総司令官が解任
	2・4	ノイラート外相が解任、リッベントロップ外相へ
	2・20	ドイツ、満州国承認を声明
	3・3	佐藤賢了中佐、衆議院委員会で「黙れ」と発言
	4・7	瀬谷支隊、台児荘から撤退
	5・19	日本軍、徐州を占領
	7・5	ドイツ軍事顧問団、漢口を出発

資料2 ドイツ軍事顧問団関係史

昭和2年	暮れ	マックス・バウアー大佐、蔣介石の顧問に
昭和3年	秋	マックス・バウアー大佐、約30人の将校と訪中
昭和4年	4月	ヘルマン・クリーベル中佐、2代目の団長
昭和5年	8月	ゲオルク・ヴェッツェル大将、3代目団長に
昭和6年	6月	ヴェッツェル大将、第三次掃共戦をアドバイス
昭和7年	2月	ヴェッツェル大将、第一次上海事変に第八十七師の投入を進言
昭和8年	5月	ゼークト大将とファルケンハウゼン中将、訪中
	6月30日	ゼークト大将、ドイツ製兵器で武装した近代的軍隊の設立を具申
	8月	ゼークト大将とファルケンハウゼン中将、帰国
	10月	ヴェッツェル大将、第五次掃共戦でトーチカ建設による包囲作戦を進言
昭和9年	1月	ハンス・クライン大尉、商社「ハプロ」（工業製品貿易有限会社）をベルリンに設立
	4月	クリーベル中佐、上海総領事に
		ゼークト大将、4代目の団長へ
	8月23日	ハプロ、中国と物資交換条約（クライン条約）締結
昭和10年	1月	ファルケンハウゼン中将、「中国国防基本方針」を蔣介石に提出

昭和11年	3月	ゼークト大将帰国、代行のファルケンハウゼン中将が5代目の団長へ
	1月	中国の訪独団がベルリンへ
	4月8日	独中で一億ライヒスマルクの借款条約（「ハプロ条約」）締結
	5月	ヴァルター・フォン・ライヘナウ中将、中国へ
	9月12日	ファルケンハウゼン中将、河北省の日本軍攻撃を進言
	10月1日	ファルケンハウゼン中将、漢口と上海の日本軍攻撃を進言
昭和12年	4月3日	ファルケンハウゼン中将の献策により税警団を青島に派遣
	7月7日	盧溝橋事件勃発
	7月下旬	ファルケンハウゼン中将、保定の北支戦区司令部へ
	8月13日	中国軍の攻撃により第二次上海事変勃発
	11月9日	ファルケンハウゼン中将、蔣介石、孔祥熙らと和平について話し合い
	12月末	ファルケンハウゼン中将、再び中国側と和平の話し合い
昭和13年	3月下旬	台児荘の戦い
	4月22日	リッベントロップ外相、軍事顧問団引き揚げを決定
	5月20日	トラウトマン大使、顧問契約の解除を正式申し入れ
	6月27日	蔣介石、ファルケンハウゼン中将に別れを告げる
	6月28日	トラウトマン大使、召喚
	7月5日	ドイツ軍事顧問団、香港へ向け漢口を出発

資料3 大陸の主な会戦での戦死傷者

会戦	戦死者	戦傷者	戦死傷者	年月（昭和）	出典
満州事変	378	791	1199	6・9・18～7・2・5	陸軍省発表
第一次上海事変	769	2322	3091	7・1・28～3・2	児島襄「日中戦争」
第二次上海事変	10076	31866	41942	12・8・13～11・10	南京戦史編集委員会「南京戦史資料集」
保定攻略	1488	約4000	約5488	12・9・14～9・24	児島襄「日中戦争」
南京攻略戦	1558	4619	6177	12・12・1～12・13	益井康一「日本と中国はなぜ戦ったのか」
張鼓峰事件	526	914	1440	13・7・13～8・11	井本熊男「作戦日誌で綴る支那事変」
漢口作戦	6806	24680	31486	13・8・22～11・11	井本熊男「作戦日誌で綴る支那事変」
広東攻略	173	493	665	13・10・12～10・28	防衛省防衛研修所戦史室「支那事変陸軍作戦2」
ノモンハン事件	7306	8332	18925	14・5・11～8・30	井本熊男「作戦日誌で綴る支那事変」
中原会戦	673	2292	2955	16・5・7～6・15	井本熊男「作戦日誌で綴る支那事変」
第二次長沙作戦	1030	2750	3780	16・12・24～1・15	沖修二「阿南惟幾」

資料4 旅順要塞戦と第二次上海事変の比較

戦役名	期間	兵力		戦死傷者
旅順要塞戦	4か月半	ロシア	4万4千	30400
		日本	7万弱	59408
第二次上海事変	3か月	中国	85万	333500
		日本	20万	41942

資料5 第一次上海事変と第二次上海事変の比較

戦役名	期間	兵力		戦死傷者
第一次	一か月と6日	中国	5万	11770
		日本	6万	3091
第二次	3か月	中国	85万	333500
		日本	20万	41942

主な参考文献

朝日新聞社編「戦場」朝日新聞社　アルバート・C・ウェデマイヤー　妹尾作太男訳「第二次大戦に勝者なし」講談社　池田純久「陸軍葬儀委員長」日本協同出版　伊藤武雄　岡崎嘉平太　松本重治「われらの生涯のなかの中国」みすず書房　今岡豊「石原莞爾の悲劇」芙蓉書房出版　井本熊男「作戦日誌で綴る支那事変」芙蓉書房　ヴァルター・ゲルリッツ　守屋純訳「ドイツ参謀本部興亡史」学習研究社　宇都宮直賢「黄河・揚子江・珠江」　尾焼津弁次「鎮魂上海戦八十日」新人物往来社　偕行社「南京戦史」偕行社　偕行社「南京戦史資料集」偕行社　偕行社「南京戦史資料集Ⅱ」偕行社　外務省百年史編纂委員会「外務省の百年」原書房　加藤正「従軍回顧録第一巻」従軍回顧録編纂委員会　笠原十九司「国民政府軍の構造と作戦」『民国後期中国国民党政権の研究』中央大学出版部　A・カリャギン　中山一郎　柴田忠蔵訳「抗日の中国」新時代社　郷土部隊保存会「第三師団郷土部隊史」　近代日本史料研究会「稲田正純氏談話速記」　ゲルハルト・クレープス「在華ドイツ軍事顧問団と日中戦争」『日中戦争の諸相』錦正社　黄仁宇　北村稔・永井英美・細井和彦訳「蔣介石」東方書店　「江南の土佐魂　歩兵第四十四連隊和知部隊戦記」　児島襄「日中戦争」文藝春秋　コリン・ロス　金森誠也／安藤勉　訳「日中戦争見聞録」講談社　佐藤賢了「大東亜戦争回顧録」徳間書店　サンケイ新聞社「蔣介石秘録10　12」サンケイ出版　静岡連隊史編纂委員会「歩兵第三十四連隊史」静岡新聞社　「十三年版最新支那要覧」東亜研究会　杉田一次「日本の政戦略と教訓」原書房　杉森久英「昭和史見たまま」読売新聞社　鈴木明「新『南京大虐殺』のまぼろし」飛鳥新社　鈴木健二「駐独大使大島浩」芙蓉書房　田嶋信雄「ナチズム極東戦略」講談社　田島信雄「一九三〇年代のドイツ外交と中国」『資料ドイツ外交官の見た南京事件』大月書房　ダニガン　ノーフィ　大貫昇訳「第二次世界大戦あんな話こんな話」文藝春秋　塚本誠「ある情報将校の記録」芙蓉書房　戸部良一『日本陸軍と中国』講談社　ヘルバート・フォン・ディルクセン　法眼晋作　中川進共訳「モスクワ・東京・ロンドン」読売新聞社　テオ・ゾンマー　金森誠也訳「ナチスドイツと軍国日本」時事通信社　寺田忠輔「盧溝橋事件」読売新聞社　董顕光　寺島正　奥野正巳訳「蔣介石」日本外政学会　東郷茂徳「時代の一面」改造社　「日本外交史20」鹿島出版記念会　橋川

文三　今井清一編著「果てしなき戦線」筑摩書房　畠山清行「東京兵団」光風社出版　浜田常二良「特派員の手記大戦前夜の外交秘話」千代田書院　兵東政男「歩兵第十八連隊史」豊橋歩兵第十八連隊史刊行会　「歩兵第四十三連隊」　古川隆久／鈴木淳／劉傑編「第百一師団長の日誌」中央公論新社　防衛省防衛研修所戦史室著「中国方面海軍作戦〈1〉」朝雲新聞社　防衛省防衛研修所戦史室著「支那事変陸軍作戦〈1〉」朝雲新聞社　「歩兵第６８連隊第一大隊戦史　支那事変・大東亜戦争編」　堀場一雄「支那事変戦争指導史」時事通信社　歩六会「歩兵第六連隊史」　歩六乃回顧委員会「歩六乃回顧」　読売新聞社編「昭和史の天皇２０」読売新聞社　桧山良昭「ＳＡナチス突撃隊」白金書房　三宅正樹「トラウトマン工作の性格と史料」『国際政治４７号』日本国際政治学会　三好捷三「上海敵前上陸」図書出版社　村瀬興雄「ナチズム」中央公論社　森正蔵「旋風二十年」光人社　ユン・チアン　ジョン・ハリディ　土屋京子訳「マオ」講談社　楊天石「１９３７、中国軍対日作戦の第1年」『日中戦争の軍事的展開』慶應義塾大学出版会　読売新聞社編輯局編「支那事変実記第一輯」非凡閣社　「ライフ第二次世界大戦史　ヒトラーとナチス第3帝国」タイム・ライフ・ブックス　陸上自衛隊第１３師団司令部四国師団史編さん委員会「四国師団史」　ＨＳＩ－ＨＵＥＹ　ＬＩＡＮＧ「Ｔｈｅ　Ｓｉｎｏ－Ｇｅｒｍａｎ　Ｃｏｎｎｅｃｔｉｏｎ」ＶＡＮ　ＧＯＲＣＵＭ，ＡＳＳＥＮ

阿羅健一（あら　けんいち）
近現代史研究家。昭和19年、宮城県仙台市生まれ。東北大学文学部卒業。現代アジア史を中心に研究を続ける。南京事件の専門家。雑誌「正論」「諸君！」などへの寄稿多数。著書に『聞き書　南京事件』（図書出版社）、同書は『「南京事件」日本人48人の証言』（小学館文庫）と改題し文庫化。『ジャカルタ夜明け前』（勁草書房）、「再検証　南京で本当は何が起こったのか』（徳間書店）など。

日中戦争はドイツが仕組んだ
上海戦とドイツ軍事顧問団のナゾ

2008年12月21日　初版第1刷発行

著者　阿羅健一
編集人　佐藤幸一
発行人　飯沼年昭
発行所　株式会社小学館
〒101-8001　東京都千代田区一ツ橋2-3-1
電話　編集　03-3230-5616
販売　03-5281-3555
デザイン　Creative Sano Japan
印刷所　共同印刷株式会社
製本所　牧製本印刷株式会社

©Ara Kenichi 2008 Printed in japan　ISBN 978-4-09-387814-2

造本には、十分注意しておりますが、万一、落丁、乱丁などの不良品がありましたら、「制作局」（TEL0120-336-340）あてにお送りください。送料小社負担にてお取り替えいたします。（電話受付は土・日・祝日を除く9時30分～17時30分までとなります）Ⓡ〈日本複写権センター委託出版物〉本書を無断で複写複製（コピー）することは、著作権法上の例外を除き、禁じられています。本書をコピーされる場合は、事前に日本複写権センター（JRRC）の許諾を受けてください。　JRRC〈http://www.jrrc.or.jp　eメール：info@jrrc.or.jp　電話03-3401-2382〉